힌디어 첫걸음

हिन्दी प्रवेशिका

힌디어 첫걸음

| 김우조 · 이동원 지음 |

HUiNE

본 교재는 2020년 정부(교육부 국립국제교육원) '특수외국어 교육 진흥 사업'의
지원을 받아 수행된 결과입니다.

서 문

2016년도 한국외국어대학교 특성화 사업의 목적으로 스마트러닝을 위한 아시아지역 8개 전략언어 앱북 제작 지원에 따라 동양어대학 소속 8개 학과가 공동으로 스마트 교재(앱북)를 제작하게 되었습니다. 그리고 현 상황에서 스마트 교재(앱북)와 함께 종이 책의 필요성을 절실히 느껴 이 교재가 나오게 되었습니다.

이 교재에서는 먼저 문자 1,2,3에서 힌디어 문자인 데브나그리(देवनागरी)의 11개 모음과 35개 자음의 조음, 문자 쓰는 법, 문자의 결합 등을 다루었으며 학습자의 편의를 위해 한글로 음가를 표시하였습니다.

이 교재의 가장 큰 특징은 주요 문형을 상황별로 집중적으로 다루고 있다는 것입니다. 16과로 구성된 이 교재의 각 과는 두 단계로 나누어져 있습니다.

첫 번째 단계에서는 '학습목표'에 따라 문형중심의 '대화문(본문)'과 '어휘', '문법'을 공부합니다. '대화문(본문)'은 인도인의 의식과 인도 사회, 문화의 특성이 반영되고 실용적인 회화체를 토대로 하고 있습니다. '어휘'에서 단어의 같은 뜻은 숨표(,)로, 다른 말뜻이나 품사는 콜론(;)으로 표시하여 가능한 한 다양한 활용이 가능하도록 하였습니다. 또한 아랍-페르시아어에서 온 어휘에 정확하게 눅따(점, नुक़्ता, ़)를 표시하여 힌디어뿐만 아니라 우르두(उर्दू)어에 대한 접근도 수월하게 하였습니다. '문법'에서는 힌디어의 특성을 간략하면서도 명확하게 설명하려고 했으며 어휘나 문장에서 여성 표시를 *로 하였습니다.

두 번째 단계는 주요 문장 10개를 선별하여 '듣기', '쓰기', '연습'에서 그 문형을 반복적으로 듣고, 쓰고, 문장 전환을 연습하면서 자연스럽게 익히도록 하였습니다. '회화 테스트'에서는 앞에서 익힌 문형을 말하여 봄으로써 구사력을 확보하도록 하였습니다. 마지막으로 '단원평가'에서 각 과의 내용을 다시 한번 전체적으로 파악하도록 하였으며, 이것은 FLEX 듣기에 도움이 될 것으로 기대합니다. 이와 같이 이 교재는 다양한 형태의 연습을 반복함으로써 학습목표에 자연스럽게 도달하도록 하였습니다.

부록으로 힌디어 학습의 탄탄한 토대를 제공하기 위해 '힌디어 VOCA 800'을 수록하였습니다. '대화문(본문)'에 나온 어휘는 남색, '문법'이나 '연습'에 나온 어휘는 주황색, 그리고 책에는 나오지 않았지만 국립국어연구원에서 2003년 5월에 발표한 한국어 학습용 어휘 목록 빈도 순위와 인도의 문화적 특징을 염두에 두어 선별한 주요 어휘 190여 개는 초록색으로 어휘 800개를 구별하였습니다.

인도가 경제 대국으로 부상하면서 힌디어에 대한 관심이 늘어나고 21세기에 들어서면서 전 세계적으로 힌디어를 배우는 사람들이 급속하게 늘어나고 있습니다. 게다가 2014년 5월 출범한 모디 정권은 힌디어의 인도 국어로서 위상 강화와 세계어로서 정립을 시도하는 힌디어 우선 정책을 펴고 있습니다. 그 결과 우리나라에서도 힌디어를 배우려는 사람들이 괄목하게 증가하고 있고 이에 따라 다양한 교재의 필요성이 대두되고 있습니다.

이러한 상황에서 이 교재의 발간은 매우 의미가 깊다고 생각합니다. 이 교재는 우리나라에서 처음으로 스마트 교재(앱북)와 동시에 제작되어 온라인과 오프라인에서 함께 학습할 수 있다는 장점이 있습니다. 이러한 교재가 인도와 관련되어 있거나 인도에 관심 있는 우리나라 사람들이 인도와 인도인의 마음의 문을 수월하게 여는 데에 한몫을 할 수 있다면 기쁘겠습니다.

끝으로 이 교재가 나올 수 있도록 힌디어 부분을 감수해주신 델리대학교의 Om Nath Bimali교수님, DAP Sharma교수님 그리고 편집과정에서 헌신적으로 애써주신 지식출판원의 신선호 팀장님과 김민정 선생님께 감사드립니다.

2017년 4월 10일

김우조 · 이동원

हिन्दी प्रवेशिका

Contents

문자 1

힌디어 문자와 조음

학습 목표 • 힌디어 문자와 조음

1. 문자

힌디어는 인도유럽어족의 인도-이란어파에 속하며, 데브나그리(देवनागरी) 문자를 사용합니다.
데브나그리 문자는 모음 11개와 자음 35개로 구성된 표음문자입니다.

1) 모음

अ	आ	इ	ई	उ	ऊ	ऋ
아/어	아-	이	이-	우	우-	리(ri)
ए	ऐ	ओ	औ			
에	애	오	오͡우			

2) 자음

क	ख	ग	घ	ङ
까	카	가	가^{h}	앙
च	छ	ज	झ	ञ
짜	차	자	자^{h}	냐
ट	ठ	ड	ढ	ण
따	타	다	다^{h}	나
त	थ	द	ध	न
따	타	다	다^{h}	나
प	फ	ब	भ	म
빠	파	바	바^{h}	마
य	र	ल	व	
야(y)	라(r)	라(l)	바/와(v/w)	
श	ष	स	ह	
샤	샤	싸	하	
ड़	ढ़			
라	라^{h}			

☑ 자음은 모음과 결합하여 소리를 냅니다. 여기에서 자음은 모음 अ(아/어)와 결합된 형태입니다.

3) 숫자

०	१	२	३	४	५	६	७	८	९
0	1	2	3	4	5	6	7	8	9

2. 조음

1) 모음

अ	आ	इ	ई	उ	ऊ	ऋ	ए	ऐ	ओ	औ
아/어	아-	이	이-	우	우-	리(ri)	에	애	오	오͡우

अ /어/와 /아/의 중간 발음입니다. 많은 경우 /아/에 가깝게 발음됩니다.

आ /아-/로 길게 발음합니다.

इ /이/로 짧게 끊어 발음합니다.

ई /이-/로 길게 발음합니다.

उ /우/로 짧게 끊어 발음합니다.

ऊ /우-/로 길게 발음합니다.

ए /에/로 길게 발음합니다.

ऐ /애/로 길게 발음합니다. 뒤에 य्(y)가 오면 중모음 /아이/로 발음합니다.

ओ /오/로 길게 발음합니다.

औ /오͡우/를 빠르게 이어 하나의 장모음으로 발음합니다. 뒤에 व्(v/w)가 오면 중모음 /오우/로 발음합니다.

अ(아/어), इ(이), उ(우)는 단모음이고, आ(아-), ई(이-), ऊ(우-), ए(에), ऐ(애), ओ(오), औ(오우)는 모두 장모음입니다.

☑ 힌디어에는 비모음이 있습니다. 비모음은 코를 통해 발음하며 ँ로 표기합니다.

अँ	आँ	इँ	ईं	उँ	ऊँ	एँ	ऐं	ओं	औं
아~/어~	아-~	이~	이-~	우~	우-~	에~	애~	오~	오우~

ँ를 짠드러빈두[चंद्रबिंदु(ँ)=चंद्र(짠드러; 달) + बिंदु(빈두; 점)]라고 합니다. ई(이-), ऐ(애), ओ(오), औ(오우)에는 편의상 점(ं)만 붙입니다.

☑ ऋ

/리(ri)/로 짧게 발음합니다. ऋ(리(ri))는 자음 र्(r)와 모음 इ(i)가 결합된 것으로 순수한 모음이라고 보기 어렵습니다.

ऋ(리(ri))를 제외한 10개 모음을 혀의 높낮이 및 앞뒤 위치에 따라 표로 분류하면 다음과 같습니다.

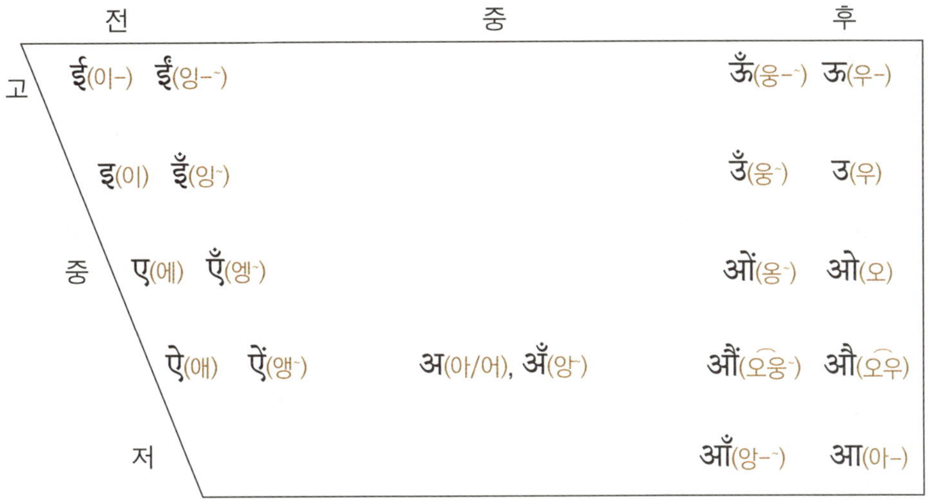

ई(이-), ईं(잉-~), इ(이), इँ(잉~) - 전설 고모음

ए(에), एँ(엥~), ऐ(애), ऐं(앵~) - 전설 중모음

अ(아/어), अँ(앙~) - 중설 중모음

ऊँ(웅-~), ऊ(우-), उँ(웅~), उ(우) - 후설 고모음

ओं(옹~), ओ(오), औं(오웅~), औ(오우) - 후설 중모음

आँ(앙-~), आ(아-) - 후설 저모음

2) 자음

क	ख	ग	घ	ङ
까	카	가	가^h	앙
च	छ	ज	झ	ञ
짜	차	자	자^h	냐
ट	ठ	ड	ढ	ण
따	타	다	다^h	나
त	थ	द	ध	न
따	타	다	다^h	나
प	फ	ब	भ	म
빠	파	바	바^h	마
य	र	ल	व	
야(y)	라(r)	라(l)	바/와(v/w)	
श	ष	स	ह	
샤	샤	싸	하	
ड़	ढ़			
라	라^h			

(1) 자음을 조음의 위치와 방식에 따라 분류하면 다음과 같습니다.

위치 방법	양순음	순치음	치음	치경음	치경 구개음 (반전음)	경구개음	연구개음	성문음
파열음	**प** (빠)		**त** (따)		**ट** (따)		**क** (까)	
	फ (파)		**थ** (타)		**ठ** (타)		**ख** (카)	
	ब (바)		**द** (다)		**ड** (다)		**ग** (가)	
	भ (바^{h})		**ध** (다^{h})		**ढ** (다^{h})		**घ** (가^{h})	
파찰음						**च** (짜)		
						छ (차)		
						ज (자)		
						झ (자^{h})		
마찰음		**व** (바 v)		**स** (싸)	**ष** (샤)	**श** (샤)		**ह** (하)
비음	**म** (마)			**न** (나)	**ण** (나)	**ञ** (냐)	**ङ** (앙)	
설측음				**ल** (라 l)				
설전음				**र** (라 r)				
설탄음					**ड़** (라)			
					ढ़ (라^{h})			
반모음	**व** (와 w)					**य** (야 y)		

क (까), ख (카), ग (가), घ (가^h), ङ (앙)

연구개음으로 혀 뒷부분을 연구개에 대어 발음합니다.

च (짜), छ (차), ज (자), झ (자^h), ञ (냐)

경구개음으로 혓날을 경구개에 대어 발음합니다.

ट (따), ठ (타), ड (다), ढ (다^h), ण (나)

반전음으로 혀끝을 잇몸 바로 안쪽 경구개에 대어 발음합니다.

त (따), थ (타), द (다), ध (다^h)

치음으로 혀끝을 윗니에 대어 발음합니다.

न (나)

치경음으로 혓날을 잇몸에 대어 발음합니다.

प (빠), फ (파), ब (바), भ (바^h), म (마)

양순음으로 두 입술로 발음합니다.

위의 25개 자음 중에서 क (까), ख (카), ग (가), घ (가^h), ट (따), ठ (타), ड (다), ढ (다^h), त (따), थ (타), द (다), ध (다^h), प (빠), फ (파), ब (바), भ (바^h)는 파열음으로 폐에서 나오는 공기를 일단 막았다가 그 막은 자리를 순간에 터뜨리면서 내는 소리입니다.

च (짜), छ (차), ज (자), झ (자^h), ञ (냐)는 파찰음으로 막은 공기를 서서히 터뜨리면서 마찰을 일으켜 내는 소리입니다.

ङ (앙), ञ (냐), ण (나), न (나), म (마)는 비음으로 비강을 통해 공기를 내뿜으며 내는 소리입니다.

☑ 위의 자음들은 수직적으로 무성무기음[क (까), च (짜), ट (따), त (따), प (빠)], 무성유기음[ख (카), छ (차), ठ (타), थ (타), फ (파)], 유성무기음[ग (가), ज (자), ड (다), द (다), ब (바)], 유성유기음[घ (가ʰ), झ (자ʰ), ढ (다ʰ), ध (다ʰ), भ (바ʰ)]으로 구분할 수 있습니다. 유성유기음[घ (가ʰ), झ (자ʰ), ढ (다ʰ), ध (다ʰ), भ (바ʰ)]은 우리에게 익숙하지 않은 발음입니다.

य (야 y), व (바/와 v/w)

य (야 y)는 경구개음이고, व (바 v)는 순치음이며 마찰음입니다. व (와 w)가 양순음으로도 발음되며, 이 때 양순음 व (와 w)는 य (야 y)와 함께 반모음입니다.

र (라 r), ल (라 l)

치경음으로 혀끝과 윗입술이 닿아서 나는 소리입니다. र (라 r)는 설전음으로 잇몸 위치에서 혀끝을 떨면서 내는 소리이고, ल (라 l)는 설측음으로 혀끝을 윗잇몸에 아주 붙인 채 혀 양쪽의 트인 데로 날숨을 흘려 내는 소리입니다.

श (샤), ष (샤), स (싸)

श (샤)는 경구개음, ष (샤)는 반전음, स (싸)는 치경음에 해당합니다. 세 음은 마찰음으로 입 안이나 목청 따위의 조음 기관이 좁혀진 사이로 공기가 비집고 나오면서 마찰하여 나는 소리입니다.

ह (하)

성문음이자 마찰음으로 후두에서 소리를 냅니다.

ड़ (라), ढ़ (라ʰ)

반전음이자 설탄음으로 혀끝을 말아 올렸다가 제자리로 돌아가는 도중 치경돌기 뒷부분을 툭 쳐서 내는 소리입니다.

☑ क़ (까 q), ख़ (카 x), ग़ (가 ġ), ज़ (자 z), फ़ (파 f)와 같이 글자 아래 점(़)이 있는 자음은 외래어(주로 아랍-페르시아어)에서 온 것입니다. 이 점은 눅따(नुक़्ता 점)라고 합니다. क़ (까 q), ख़ (카 x), ग़ (가 ġ)는 구개수음으로 목젖과 후설면 사이에서 나는 소리이며, 파열음입니다. ज़ (자 z)는 치경음이고, फ़ (파 f)는 순치음입니다. 두 음은 마찰음입니다.

※ 이 책에서는 최대한 힌디어 원음에 가깝게 한글로 표기하였습니다. 유성유기음은 [ʰ], 비음은 [˜], 반전음은 밑줄, 장모음은 [-]로 표시하였습니다.

연습

힌디어 모음과 자음의 발음을 연습하시오.

1. 모음

अ	आ	इ	ई
उ	ऊ	ऋ	ए
ऐ	ओ	औ	

2. 비모음

अँ	आँ	इँ	ईं
उँ	ऊँ	एँ	ऐं
ओं	औं		

3. 자음

क	ख	ग	घ	ङ
च	छ	ज	झ	ञ
ट	ठ	ड	ढ	ण
त	थ	द	ध	न
प	फ	ब	भ	म
य	र	ल	व	
श	ष	स	ह	
ड़	ढ़			

문자 2

힌디어 문자 쓰는 법

학습 목표

- 힌디어 문자 쓰는 법

1. 모음 쓰는 법

अ 아/어

आ 아-

इ 이

ई 이-

उ 우

ऊ 우-

ऋ 리 (ri)

ए 에

ऐ 애

ए ऐ ऐ

ओ 오

अ आ ओ ओ

औ 오우

अ आ ओ औ औ

2. 자음

여기는 편의상 모음 अ(아/어)와 결합된 형태의 자음쓰기를 공부합니다.

क 까 क

ख 카 ख

ग 가 ग

घ 가^h घ

ङ 앙

च 짜

छ 차

ज 자

झ 자h

ञ 냐

ट 따

ठ 타

ड 다

ढ 다h

ण 나

त 따

थ 타

द 다

ध 다^{h}

न 나

प 빠

फ 파

ब 바

भ $바^h$

म 마 । ɹ म म

य 야 y ɂ ʋ य य

र 라 r ɂ र र

ल 라 l ɂ ɂ ल

व 바/와 v/w ɂ व व

श 샤 श श

ष 샤 ष ष

स 싸 स स

ह 하 ह ह

ड़ 라 ड़ ड़

ढ़ 라h ढ़ ढ़ ढ़

연습

형태에 유의하며 쓰는 연습을 하시오.

अ 아 आ 아- ओ 오 औ 오우

ड 다 ड़ 라 ङ 앙 इ 이 ई 이– झ 자ʰ ह 하

ठ 타 ढ 다h ढ़ 라h द 다

र 라 r ए 에 ऐ 애 ख 카 स 싸

व 바/와 v/w　ब 바　क 까　च 짜

घ 가^h　ध 다^h　छ 차

प 빠　ष 샤　फ 파

थ 타　　य 야 y

ग 가　　न 나　　म 마　　भ 바^h

문자 3

힌디어 문자의 결합

학습 목표

- 문자의 결합
- 힌디어를 읽을 때 주의할 점

1. 문자의 결합

1) 자음

앞에서 우리가 힌디어 문자와 조음 그리고 쓰는 법에서 공부한 자음은 모음 अ(아/어)와 결합된 형태였습니다. 힌디어 문자의 결합을 공부하기 전에 모음 없는 자음의 형태를 보면 아래와 같습니다.

क्	ख्	ग्	घ्	ङ्
ㄲ	ㅋ	ㄱ	ㄱ^h	ㅇ
च्	छ्	ज्	झ्	ञ्
ㅉ	ㅊ	ㅈ	ㅈ^h	ㄴ
ट्	ठ्	ड्	ढ्	ण्
ㄸ	ㅌ	ㄷ	ㄷ^h	ㄴ

त्	थ्	द्	ध्	न्
ㄸ	ㅌ	ㄷ	ㄷ^{h}	ㄴ
प्	फ्	ब्	भ्	म्
ㅃ	ㅍ	ㅂ	ㅂ^{h}	ㅁ
य्	र्	ल्	व्	
ㅇ (y)	ㄹ (r)	ㄹ (l)	ㅂ/ㅇ (v/w)	
श्	ष्	स्	ह्	
ㅅ	<u>ㅅ</u>	ㅆ	ㅎ	
ड़्	ढ़्			
<u>ㄹ</u>	<u>ㄹ</u>^{h}			

자음 밑에 사용된 기호를 할(हल् (्))이라고 합니다.

2) 자음 + 모음

힌디어는 한글처럼 음절 단위로 표기됩니다. 자음과 모음이 결합하여 음절을 이룰 때 모음은 아래와 같은 기호로 표시됩니다.

◌	◌ा	◌ि	◌ी	◌ु	◌ू
अ 아/어	आ 아-	इ 이	ई 이-	उ 우	ऊ 우-
◌ृ	◌े	◌ै	◌ो	◌ौ	
ऋ 리	ए 에	ऐ 애	ओ 오	औ 오͡우	

☑ 첫 번째 모음 अ는 별도의 기호가 없습니다.

위의 기호들이 아래와 같이 자음과 연결되어 힌디어 음절을 이룹니다.

क्(ㄲ) + ◌ (अ 아/어) = क(까/꺼)
क्(ㄲ) + ◌ा (आ 아-) = का(까-)
क्(ㄲ) + ◌ि (इ 이) = कि(끼)
क्(ㄲ) + ◌ी (ई 이-) = की(끼-)
क्(ㄲ) + ◌ु (उ 우) = कु(꾸)
क्(ㄲ) + ◌ू (ऊ 우-) = कू(꾸-)
क्(ㄲ) + ◌ृ (ऋ 리) = कृ(끄리)
क्(ㄲ) + ◌े (ए 에) = के(께)
क्(ㄲ) + ◌ै (ऐ 애) = कै(깨)
क्(ㄲ) + ◌ो (ओ 오) = को(꼬)
क्(ㄲ) + ◌ौ (औ 오͡우) = कौ(꼬͡우)

☑ 단 उ(우)와 ऊ(우-)가 र्(ㄹ r)과 결합될 때 변형된 형태가 나타납니다.

र्(ㄹ) + उ(◌ु)(우) = रु(루)
र्(ㄹ) + ऊ(◌ू)(우-) = रू(루-)

☑ ँ[짠드러빈두(चंद्रबिंदु)]는 문자 1에 보았듯이 비모음 기호로 아누나씩(अनुनासिक)이라고 합니다.

ं[빈두(बिंदु)]는 비자음 기호로 아누쓰와르(अनुस्वार)라고 하며, 복자음에서 공부합니다.

ः는 비싸르그(विसर्ग)로 산스크리트에서 온 어휘에서 볼 수 있으며 /ㅎ/로 발음합니다.

क्(ㄲ) + ँ(अँ 앙~) = कँ(깡~)

क्(ㄲ) + ं(अं 앙, 안, 암 등) = कं(깡, 깐, 깜 등)

क्(ㄲ) + ः(अः 하) = कः(까하)

☑ 비모음은 짠드러빈두로 표기하는 것이 원칙이지만 비자음에 사용되는 빈두를 사용하기도 합니다. 특히 किं(낑~), कीं(낑-~), कें(깽~), कैं(깽~), कों(꽁~), कौं(꼬웅~)와 같이 모음기호가 줄 위에 있을 때에는 빈두를 사용합니다.

☑ doctor와 같은 외래어 모음 중 /어/와 /오/의 중간 발음은 ॉ(ऑ)로 표기합니다.

ड्(ㄷ) + ऑ(어/오) = डॉ(더/도) (डॉक्टर)

☑ 힌디어의 마침표는 । (विराम(비람-) 멈춤; 쉼; 마침)입니다.

नमस्ते । (나마스떼) 안녕하세요.

मैं ठीक हूँ । (맹~ 티h-끄 훙-~) 저는 괜찮습니다.

힌디어에서도 마침표로 । 대신 .을 사용하기도 합니다.

3) 모음 + 모음

모음과 모음이 결합할 때에는 형태의 변화 없이 그대로 이어서 표기합니다.

आ(아-) + इ(이) + ए(에)　　आइए(아-이에) 오십시오.
आ(아-) + ओ(오)　　आओ(아-오) 오게.
गुरु(구루; 스승) + आनी(아-니-)　　गुरुआनी(구루아-니-) 여선생님; 사모님

4) 복자음

(1) 자음에 수직선이 있는 경우 오른쪽의 수직선을 지워줍니다.

क्(ㄲ) + क(까)	= क्क	पक्का(빡까-) 익은
च्(ㅉ) + छ(차)	= च्छ	अच्छा(앗차-) 좋은
ध्(ㄷ^h) + य(야 y)	= ध्य	अध्यापक(아댜^h-빠끄) 선생
फ़्(ㅍ f) + त(따)	= फ़्त	हफ़्ता(하프따-) 주(週), 일주일
ल्(ㄹ) + ल(라 l)	= ल्ल	*दिल्ली(딜리-) 델리
श्(ㅅ) + य(야 y)	= श्य	अवश्य(아바셔) 반드시, 꼭
स्(ㅆ) + त(따)	= स्त	दोस्त(도쓰뜨) 친구

(2) 자음에 수직선이 없는 경우 글자 밑에 할(हल् (्))을 첨가합니다.

ठ्(ㅌ) + य(야 y)	= ठ्य	पाठ्य(빠-텨) 배울만한, 교과의
ह्(ㅎ) + य(야 y)	= ह्य	बाह्य(바-흐여) 밖의; 밖으로; 바깥, 외부

☑ 할(हल् (्))을 첨가하는 대신 뒤에 오는 자음을 앞에 오는 자음 밑에 써주기도 합니다.

ट्(ㄸ) + ठ(타) = ट्ठ *चिट्ठी / चिट्ठी(찟티-) 편지

(3) ① 복자음에서 형태가 변하는 경우

क्(ㄲ) + ष(샤) = क्ष दक्षिण(닥신) 남쪽(의)
ज्(ㅈ) + ञ(냐) = ज्ञ विज्ञान(비갼-) 과학
त्(ㄸ) + र(라 r) = त्र पत्र / पत्र(빠뜨러) 편지
द्(ㄷ) + य(야 y) = द्य विद्या(비댜-) 학문
श्(ㅅ) + र(라 r) = श्र श्री(슈리-) Mr.

☑ श्(ㅅ)가 자음과 결합하여 श로 형태가 변하기도 합니다. ऋ는 모음으로 분류되지만 자음 र्(ㄹ)의 음가를 가지고 있기 때문에 여기서 함께 설명합니다.

श्(ㅅ) + च(짜) = श्च / श्च निश्चय / निश्चय(니슈짜에) 결정
श्(ㅅ) + न(나) = श्न / श्न प्रश्न / प्रश्न(쁘라슈느) 질문
श्(ㅅ) + ऋ(리) = शृ / शृ शृंगार / शृंगार(슈링가-르) 사랑; 장식

② र्(ㄹ r)의 경우

र्(ㄹ r) + 자음 = र्
र्(ㄹ r) + य(야) = र्य कार्य(까-르여) 일
र्(ㄹ r) + श(샤) = र्श दर्शन(다르샨) 봄; 사상

자음 + र्(ㄹ r) = ्र
क्(ㄲ) + र(라 r) = क्र क्रम(끄람) 순서
प्(ㅃ) + र(라 r) = प्र प्रेम(쁘렘) 사랑

자음 + र्(ㄹ r) = ◌्र

ट्(ㄸ) + र(라 r) = ट्र　　राष्ट्र(라-슈뜨러) 국가, 나라; 민족

ड्(ㄷ) + र(라 r) = ड्र　　ड्रामा(드라-마-) 극(劇)

4) 비자음이 음절 종성에 올 때 ◌ं를 문자 위에 표기합니다.

क् + ◌ं(अं) = कं

सङ्गमरमर → संगमरमर(상그마르마르) 대리석

चञ्चल → चंचल(짠짤) 요동하는

ठण्डा → ठंडा(탄^{h}다-) 차가운

बन्द → बंद(반드) 닫힌

आरम्भ → आरंभ(아-람브^h) 시작

앞에서 언급했듯이 이 기호를 빈두(बिंदु 점)라고 합니다.

☑ 비자음이 연속적으로 사용되거나, 비자음 뒤에 य्, र्, ल्, व्, ह्가 오는 경우 등에는 빈두로 표기되지 않기도 합니다.

भिन्न / भिन्न(빈^{h}느) 다른

निम्न / निम्न(님느) 밑의

तुम्हारा(뚬하-라-) 자네의

5) 힌디어의 복자음들

क्(ㄲ) + क(까) = क्क	पक्का 익은
क्(ㄲ) + य(야 y) = क्य	क्या 무엇
क्(ㄲ) + र(라 r) = क्र	क्रम 순서
क्(ㄲ) + ष(샤) = क्ष	*प्रतीक्षा 기다림
ङ्(ㅇ) + घ(가h) = ङ्घ	*कङ्घी / *कंघी 빗
च्(ㅉ) + छ(차) = च्छ	अच्छा 좋은
ज्(ㅈ) + ञ(냐) = ज्ञ	विज्ञान 과학
ञ्(ㄴ) + च(짜) = ञ्च	चञ्चल / चंचल 요동하는
ट्(ㄸ) + ठ(타) = ट्ठ / ट्‌ठ	*चिट्ठी / *चिट्‌ठी 편지
ट्(ㄸ) + र(라 r) = ट्र	ट्रेन 기차
ठ्(ㅌ) + य(야 y) = ठ्य	पाठ्य 배울만한, 교과의
ड्(ㄷ) + र(라 r) = ड्र	ड्राइवर 운전기사
ण्(ㄴ) + ड(다) = ण्ड	ठण्डा / ठंडा 차가운
त्(ㄸ) + त(따) = त्त	पत्ता / पत्ता 잎
त्(ㄸ) + र(라 r) = त्र	पत्र / पत्र 편지
द्(ㄷ) + य(야 y) = द्य	विद्‌या / विद्या 학문
ध्(ㄷh) + य(야 y) = ध्य	अध्यापक 선생님
न्(ㄴ) + त(따) = न्त	दन्त / दंत 치아
न्(ㄴ) + द(다) = न्द	बन्द / बंद 닫힌
न्(ㄴ) + न(나) = न्न	भिन्न / भिन्न 다른
प्(ㅃ) + र(라 r) = प्र	प्रकाश 빛
फ़्(ㅍf) + त(따) = फ़्त	हफ़्ता 주(週), 일주일
ब(ㅂ) + ज़(자 z) = ब्ज़	*सब्ज़ी 채소
ब(ㅂ) + द(다) = ब्द	शब्द 단어

भ्(ㅂh) + य(야 y) = भ्य		अभ्यास 연습

म्(ㅁ) + न(나) = म्न		निम्न / निम्न 밑의

म्(ㅁ) + ब(바) = म्ब		कम्बल / कंबल 담요

म्(ㅁ) + ह(하) = म्ह		तुम्हारा 자네의

य्(ㅇ) + य(야 y) = य्य		*शय्या 침대

र्(ㄹ) + थ(타) = र्थ		अर्थ 의미, 목적; 경제

र्(ㄹ) + स(싸) = र्स		*कुर्सी 의자

ल्(ㄹ) + द(다) = ल्द		जल्दी 빨리

व्(ㅂ v) + य(야 y) = व्य		*व्याख्या 설명

श्(ㅅ) + ऋ(리) = शृ		शृंगार 사랑; 장식

श्(ㅅ) + च(짜) = श्च / श्च		निश्चय / निश्चय 결정

श्(ㅅ) + न(나) = श्न / श्न		प्रश्न / प्रश्न 질문

श्(ㅅ) + य(야 y) = श्य		अवश्य 반드시, 꼭

श्(ㅅ) + र(라 r) = श्र		श्रम 노동

स्(ㅆ) + व(와 w) = स्व		स्वभाव 자연, 본연; 성격

ह्(ㅎ) + य(야 y) = ह्य		बाह्य 밖의; 밖으로; 바깥, 외부

2. 힌디어를 읽을 때 주의할 점

1) 장·단모음의 구별

(1) 힌디어에서는 장·단모음의 구별이 매우 중요합니다. 모음의 길이에 따라 단어의 뜻이 달라지기 때문에 유의하여야 합니다.

कम(깜) 적은　　　　　　काम(깜-) 일

(2) 장·단모음이 표기된 대로 발음되지 않는 경우도 있습니다.

① 장모음이 단어 끝에 오는 경우 짧게 발음

दरवाज़ा(다르와-자- → 다르와-자) 문

② [장모음 + 자음 + 장모음]으로 이루어진 2음절 이상의 단어에서 앞의 장모음의 단모음화

*दूकान(두-깐- → 두깐-) 가게 (현재 दुकान으로 표기)

③ [단모음 + 모음이 없는 자음]의 단모음은 강세를 받아 장모음화

अच्छा(앗차- → 앗-´차-) 좋은

④ 문장에서 강조하거나 중요한 단어는 강세를 받아 장모음화

⑤ 평서문의 끝에 오는 장음은 대체로 단음화

2) 모음 अ(아/어)가 발음되지 않는 경우

(1) 단어의 끝에 오는 अ(아/어)

पास(빠-싸-) X (빠-쓰) O 가까움; 가까운

(2) [(자음+)모음 + 자음 + अ(아/어) + 자음 + (장)모음]에서 두 번째 음절의 अ(아/어)

कमरा(까마라) X　(까므라-) O 방

3) ह(하)의 영향으로 अ(아/어)가 짧은 /에/로 발음되는 경우

[자음 + अ(아/어) + ह्(ㅎ)]의 음절 뒤에 अ(아/어) 오는 경우 앞의 अ(아/어)는 짧은 /에/로 발음합니다.

यह(야하 → 여흐 → 예헤) 이것, 이 사람; 이

4) 반모음 य्(야 y)와 व्(와 w)의 발음

(1) य्(야 y)는 단어 끝에서 짧은 /이/에 가까운 /에/로 발음됩니다.

*गाय(가-야) X (가-에) O 암소

(2) ① व्(와 w)는 단어 끝에서 짧은 /우/로 발음됩니다.

तनाव(따나-브) X (따나-우) O 긴장

② व्(와 w)는 장모음 आ(아-) 앞에 또는 자음 뒤에 올 때 /와-/로 발음됩니다.

*हवा(하바-) X (하와-) O 공기, 바람

स्वर(쓰바르) X (쓰와르) O 소리

연습

1. 자음과 모음을 결합하여 빈칸을 채우시오.

모음 / 자음	अ	आ	इ	ई	उ	ऊ	ऋ	ए	ऐ	ओ	औ
क्											
ख्											
ग्											
घ्											
च्											
छ्											
ज्											
झ्											
ट्											
ठ्											
ड्											
ढ्											
ण्											
त्											
थ्											

모음 자음	अ	आ	इ	ई	उ	ऊ	ऋ	ए	ऐ	ओ	औ
द्											
ध्											
न्											
प्											
फ्											
ब्											
भ्											
म्											
य्											
र्											
ल्											
व्											
श्											
ष्											
स्											
ह्											
ड़्											
ढ़्											

2. 주어진 자음과 자음(+ अ(아/어))의 결합 형태를 쓰시오.

1) क् + क =

2) क् + य =

3) क् + र =

4) क् + ष =

5) ङ् + घ =

6) च् + छ =

7) ज् + ञ =

8) ञ् + च =

9) ट् + ठ =

10) ट् + र =

11) ठ् + य =

12) ड् + र =

13) ण् + ड =

14) त् + त =

15) त् + र =

16) द् + य =

17) ध् + य =

18) न् + त =

19) न् + द =

20) न् + न =

21) प् + र =

22) फ़् + त =

23) ब + ज़ =

24) ब + द =

25) भ् + य =

26) म् + न =

27) म् + ब =

28) म् + ह =

29) य् + य =

30) र् + थ =

31) र् + स =

32) ल् + द =

33) व् + य =

34) श् + ऋ =

35) श् + च =

36) श् + न =

37) श् + य =

38) श् + र =

39) स् + व =

40) ह् + य =

3. 다음 힌디어 단어를 소리내어 읽으시오.

1) अच्छा 좋은

2) अध्यापक 선생님

3) अभ्यास 연습

4) अर्थ 의미, 목적; 경제

5) अवश्य 반드시, 꼭

6) *कङ्घी / *कंघी 빗

7) कम्बल / कंबल 담요

8) *कुर्सी 의자

9) क्या 무엇

10) क्रम 순서

11) चञ्चल / चंचल 요동하는

12) *चिट्ठी / *चिट्ठी 편지

13) जल्दी 빨리

14) ट्रेन 기차

15) ठण्डा / ठंडा 차가운

16) ड्राइवर 운전기사

17) तुम्हारा 자네의

18) दन्त / दंत 치아

19) निम्न / निम्न 밑의

20) निश्चय / निश्चय 결정

21) पक्का 익은

22) पत्ता / पत्ता 잎

23) पत्र / पत्र 편지

24) पाठ्य 배울만한, 교과의

25) प्रकाश 빛

26) *प्रतीक्षा 기다림

27) प्रश्न / प्रश्न 질문

28) बन्द / बंद 닫힌

29) बाह्य 밖의; 밖으로; 바깥, 외부

30) भिन्न / भिन्न 다른

31) विज्ञान 과학

32) विद्या 학문

33) *व्याख्या 설명

34) शब्द 단어

35) *शय्या 침대

36) शृंगार 사랑; 장식

37) श्रम 노동

38) *सब्ज़ी 채소

39) स्वभाव 자연, 본연; 성격

40) हफ़्ता 주(週), 일주일

1과

नमस्ते जी।

안녕하십니까.

학습 목표

- 힌디어의 기본 문장구조
- 성 · 수에 따른 (의문)형용사의 어형 변화

어휘

अच्छा	좋은; 우수; 선량한; 동의, 납득, 결의, 놀람 등의 반응을 나타내는 감탄사
*अच्छी	좋은; 우수; 선량한. 형용사 **अच्छा**의 여성 형태
आज	오늘; 현재
आजकल	요즘, 요사이, 어제오늘
आदाब	안녕하세요; 경례. 우르두 단어 **अदब**(존경, 예절, 정중함)의 복수 형태
आप	당신들; 당신 (2인칭 복수/존칭복수 대명사)
और	그리고; 더; 다른
कल	내일; 어제
*कैसी	어떠한. 의문형용사 **कैसा**의 여성 단·복수 형태
कैसे	어떠한. 의문형용사 **कैसा**의 남성 복수 형태; 어떻게 (의문부사)
को	~에게 (여격 후치사); ~을/를 (목적격 후치사) [6과 문법 2. 1) 참조]
ख़ुदा हाफ़िज़	'신의 가호가 있기를' 이슬람 문화권의 작별인사 [**ख़ुदा** 신(神 기독교, 이슬람교), **हाफ़िज़** 수호자, 보호자]
जी	존경을 표하는 불변화사
ठीक	옳은, 괜찮은, 적절한, 맞는, 좋은
तो	그러면 (접속사); ~은/는 (강조사)
थोड़ा	적은, 조금, 약간

नमस्कार	안녕하십니까. नमस्ते와 같은 의미인데 조금 더 격식 있는 표현, 만날 때와 헤어질 때 모두 사용
नमस्ते	안녕하세요. '당신에게 머리를 숙인다'는 뜻, 만날 때와 헤어질 때 모두 사용
फिर	다시, 또; 후에, 나중에
भी	~도
मिलेंगे	만날 것입니다. मिलना(만나다) 동사의 남성 복수 미래형 [10과 문법 1. 참조]
मैं	나 (1인칭 단수 대명사)
व्यस्त	바쁜, 분주한; 번화한
शुक्रिया	감사, 감사를 나타내는 말
श्री	Mr., 씨; 아름다움; 빛남; 부귀
* श्रीमती	Mrs., 여사
साहब	선생님, 나리; 주인
हूँ	1인칭 단수에 오는 होना(~이다, 있다) 동사의 현재형 [2과 문법 1.2) 참조]
हैं	복수에 오는 होना(~이다, 있다) 동사의 현재형

대화문

आशा : नमस्ते, हुसैन साहब !

아샤: 안녕하세요, 후세인 선생님!

हुसैन : आदाब, आशा जी !

후세인: 안녕하십니까(경례), 아샤 님!

आप कैसी हैं ?

당신은 어떻습니까?

आशा : मैं अच्छी हूँ ।

아샤: 저는 좋습니다.

आप कैसे हैं ?

당신은 어떻습니까?

हुसैन : मैं भी अच्छा हूँ ।

후세인: 저도 좋습니다.

आशा : आजकल श्री और श्रीमती चौहान कैसे हैं ?

아샤: 요즘 쪼우한 부부는 어떻습니까?

हुसैन : वे ठीक हैं ।

후세인: 그들은 괜찮으십니다.

आशा जी, आज मैं थोड़ा व्यस्त हूँ ।

아샤 님, 오늘 제가 조금 바쁩니다.

आशा : अच्छा, हुसैन साहब ।

아샤: 그래요, 후세인 선생님.

तो फिर कल मिलेंगे ।

그럼 다시 내일 뵙겠습니다.

हुसैन : ठीक है । शुक्रिया ।

후세인: 좋아요. 감사합니다.

आशा : अच्छा, नमस्कार, हुसैन साहब !

아샤: 그럼, 안녕히 계십시오, 후세인 선생님.

हुसैन : ख़ुदा हाफ़िज़, आशा जी !

후세인: 신의 가호가 있기를(신이 보호자입니다), 아샤 님.

문법

1 힌디어의 기본 문장구조

힌디어의 기본적인 문장구조는 우리말과 유사합니다.

즉 [주어 + 목적어/보어 + 동사]입니다.

आशा + पुस्तक + *पढ़ती है । 아샤가 책을 읽습니다. [*पुस्तक 책]

हुसैन साहब + व्यस्त + हैं । 후세인 선생님은 바쁘십니다.

मैं + अच्छा/*अच्छी + हूँ । 내가 좋습니다.

2 성 · 수에 따른 (의문)형용사의 어형 변화

힌디어에서 (대)명사, 형용사가 성 · 수 · 격에 따라 어형 변화합니다.

이 과에서는 (의문)형용사가 성 · 수에 따라 변화한 것을 볼 수 있습니다. -आ로 끝나는 (의문)형용사가 남성 단수에서는 -आ 그대로, 남성 복수에서는 -आ가 -ए로, 여성의 경우 단 · 복수에서 모두 -ई로 어형 변화합니다. 일반적으로 남성 단수의 경우 -आ, 남성 복수의 경우 -ए, 여성의 경우 -ई의 형태를 취합니다.

मैं अच्छा हूँ । 나는 좋습니다. (1인칭 남성 단수)
मैं *अच्छी हूँ । 나는 좋습니다. (1인칭 여성 단수)
आप अच्छे हैं । 당신은 좋으십니다. (2인칭 남성 존칭복수)
आप *अच्छी हैं । 당신은 좋으십니다. (2인칭 여성 존칭복수)
श्री चौहान अच्छे हैं । 쪼우한 씨는 좋으십니다. (3인칭 남성 존칭복수)
श्रीमती चौहान *अच्छी हैं । 쪼우한 여사는 좋으십니다. (3인칭 여성 존칭복수)

그러나 -आ로 끝나지 않는 형용사는 성 · 수에 따라 어형 변화하지 않습니다.

मैं ठीक हूँ । 나는 괜찮습니다. (1인칭 남성·여성 단수)
आप सुन्दर हैं । 당신은 아름다우십니다. (2인칭 남성·여성 존칭복수) [सुन्दर 아름다운]
श्री चौहान व्यस्त हैं । 쪼우한 씨는 바쁘십니다. (3인칭 남성 존칭복수)
श्रीमती चौहान सुन्दर हैं । 쪼우한 여사는 아름다우십니다. (3인칭 여성 존칭복수)

☑ 힌디어에서 가장 널리 사용되는 존경표시는 जी의 첨가입니다. 또한 남성 이름 앞에 श्री(Mr.), 여성이름 앞에 *श्रीमती(Mrs.) 그리고 남성이름 뒤에 साहब(선생님)을 사용하여 존경을 표할 수 있습니다. 이때 문장은 복수 형태를 취합니다. 단수에 온 인칭 복수 대명사도 존경을 나타냅니다.

듣기

हिन्दी वाक्यों को ध्यान से सुनिए ।

힌디어 문장을 주의 깊게 들으시오.

1. नमस्ते, हुसैन साहब !

   안녕하세요, 후세인 선생님!

2. आप कैसी हैं ?

   당신은 어떻습니까?

3. मैं अच्छी हूँ ।

   저는 좋습니다.

4. आप कैसे हैं ?

   당신은 어떻습니까?

5. मैं भी अच्छा हूँ ।

   저도 좋습니다.

6. आजकल श्री और श्रीमती चौहान कैसे हैं ?

   요즘 쪼우한 부부는 어떻습니까?

7. आजकल वे ठीक हैं ।

   요즘 그들은 괜찮으십니다.

8. आज मैं थोड़ा व्यस्त हूँ ।

   오늘 제가 조금 바쁩니다.

9. तो फिर कल मिलेंगे ।

   그럼 다시 내일 뵙겠습니다.

10. ख़ुदा हाफ़िज़, आशा जी !

    신의 가호가 있기를(신이 보호자입니다), 아샤 님.

쓰기

कोष्ठक में दिये गये शब्दों से वाक्य बनाइए ।

괄호 안에 주어진 단어로 문장을 만드시오.

1. 안녕하세요, 후세인 선생님! (साहब, नमस्ते, हुसैन)

2. 당신은(여성) 어떻습니까? (हैं, कैसी, आप)

3. 저는(여성) 좋습니다. (अच्छी, मैं, हूँ)

4. 당신은(남성) 어떻습니까? (हैं, कैसे, आप)

5. 저도(남성) 좋습니다. (अच्छा, मैं, हूँ, भी)

6. 요즘 쪼우한 부부는 어떻습니까? (श्रीमती, चौहान, हैं, और, आजकल, कैसे, श्री)

7. 요즘 그들은 괜찮으십니다. (ठीक, आजकल, हैं, वे)

8. 오늘 제가 조금 바쁩니다. (व्यस्त, हूँ, मैं, थोड़ा, आज)

9. 그럼 다시 내일 뵙겠습니다. (कल, तो, मिलेंगे, फिर)

10. 신의 가호가 있기를(신이 보호자입니다), 아샤 님. (हाफ़िज़, जी, आशा, ख़ुदा)

연습

कोष्ठक में दिये गये शब्द के अनुरूप वाक्य बदलिए ।

괄호 안에 주어진 단어에 따라 문장을 바꾸시오.

1

आप कैसे हैं ?

당신은(남성) 어떻습니까?

1. (आप(여성))

   당신은(여성) 어떻습니까?

2. (मैं(남성))

   나는(남성) 어떻습니까?

3. (मैं(여성))

   나는(여성) 어떻습니까?

4. (श्री और श्रीमती चौहान)

   쪼우한 부부는 어떻습니까?

2

मैं अच्छा हूँ ।

나는(남성) 좋습니다.

1 (मैं(여성))

나는(여성) 좋습니다.

2 (आप(남성))

당신은(남성) 좋으십니다.

3 (आप(여성))

당신은(여성) 좋으십니다.

4 (श्री और श्रीमती चौहान)

쪼우한 부부는 좋으십니다.

3

श्री चौहान ठीक हैं ।

쪼우한 씨는 괜찮으십니다.

1 (अच्छा)

쪼우한 씨는 좋으십니다.

2 (व्यस्त)

쪼우한 씨는 바쁘십니다.

3 (कैसा)

쪼우한 씨는 어떻습니까?

4 (सुन्दर)

쪼우한 씨는 아름다우십니다.

4

श्रीमती चौहान ठीक हैं ।

쪼우한 여사는 괜찮으십니다.

1 (अच्छा)

쪼우한 여사는 좋으십니다.

2 (व्यस्त)

쪼우한 여사는 바쁘십니다.

3 (कैसा)

쪼우한 여사는 어떻습니까?

4 (सुन्दर)

쪼우한 여사는 아름다우십니다.

5

श्री चौहान ठीक हैं और श्रीमती चौहान भी ठीक हैं ।

쪼우한 씨는 괜찮으십니다 그리고 쪼우한 여사도 괜찮으십니다.

1 (आशा जी, मैं(남성), अच्छा)

아샤 님은 좋으십니다 그리고 나도(남성) 좋으십니다.

2 (श्रीमती चौहान, वे(여성), व्यस्त)

쪼우한 여사는 바쁘십니다 그리고 그분도(여성) 바쁘십니다.

3 (वे(남성), मैं(여성), सुन्दर)

그분은(남성) 아름다우십니다 그리고 나도(여성) 아름답습니다.

4 (हुसैन साहब, आप(여성), बड़ा 큰, 커다란)

후세인 선생님은 크십니다 그리고 당신도(여성) 크십니다.

회화 테스트

हिन्दी में बोलिए ।

힌디어로 말하시오.

1. 안녕하십니까, 후세인 선생님!
2. 당신은(여성) 어떻습니까?
3. 저는(여성) 좋습니다.
4. 당신은(남성) 어떻습니까?
5. 저도(남성) 좋습니다.
6. 요즘 쪼우한 부부는 어떻습니까?
7. 오늘 제가 조금 바쁩니다.
8. 오늘 제가 조금 바쁩니다.
9. 그럼 다시 내일 뵙겠습니다.
10. 신의 가호가 있기를(신이 보호자입니다), 아샤 님.

※ 정답은 듣기 참조

단원 평가

ध्यान से सुनिए और ठीक उत्तर चुनिए ।

주의 깊게 듣고 옳은 답을 고르시오.

문제 1-2

आशा :

हुसैन :

आशा :

हुसैन :

1 आशा जी कैसी हैं ?

① आशा जी व्यस्त हैं ।

② आशा जी थोड़ी व्यस्त हैं ।

③ आशा जी अच्छी हैं ।

④ आशा जी ठीक-ठीक हैं ।

2 हुसैन साहब कैसे हैं ?

① हुसैन साहब ठीक-ठीक हैं ।

② हुसैन साहब थोड़े व्यस्त हैं ।

③ हुसैन साहब व्यस्त हैं ।

④ हुसैन साहब बहुत अच्छे हैं ।

문제 3-4

आशा :

हुसैन :

आशा :

3 आज कौन व्यस्त है ? [कौन 누구]

① आज श्री चौहान व्यस्त हैं ।

② आज श्रीमती चौहान व्यस्त हैं ।

③ आज हुसैन साहब व्यस्त हैं ।

④ आज आशा जी व्यस्त हैं ।

4 हुसैन साहब और आशा जी फिर कल क्यों मिलेंगे ? [क्यों 왜]

① क्योंकि आज श्री चौहान थोड़े व्यस्त हैं । [क्योंकि 왜냐하면]

② क्योंकि आज हुसैन साहब थोड़े व्यस्त हैं ।

③ क्योंकि आजकल आशा जी थोड़ी व्यस्त हैं ।

④ क्योंकि आजकल आशा जी बहुत व्यस्त हैं ।

2과

आप का नाम क्या है?

당신의 이름은 무엇입니까?

학습 목표

- 인칭 · 지시대명사와 그에 따른 होना 동사의 현재형
- 특수의문문

어휘

अगले	다음의. 형용사 **अगला**의 남성 복수 또는 사격 형태 [9과 문법 3) 참조]
आइए	오십시오. **आना**(오다) 동사의 **आप**에 대한 명령형 [4과 문법 2. 참조]
उधर	저쪽에, 저쪽으로
कब	언제 (의문사)
कहाँ	어디서 (의문사)
का	~의 (소유격 후치사)
कार्यक्रम	프로그램, 계획, (일의) 순서
कितना	얼마나; 얼마나 많은
किधर	어느 쪽에, 어느 쪽으로
कीजिए	하십시오. **करना**(하다) 동사의 **आप**(당신)에 대한 명령형
के	~의. 소유격 후치사 **का**의 남성 복수 또는 사격 형태
कोई	누군가, 어떤 사람; 아무; 무엇인가; 아무 것 (부정대명사) [3과 문법 2. 1) 참조]
कोरिया	한국
क्या	무엇 (의문사)
क्यों	왜 (의문사)
घर	집, 가옥; 가정

ज़रूर	꼭, 반드시; 필요한, 중요한
दक्षिण	남(南), 남쪽; 남부; 남쪽의; 오른쪽(의)
दिन	날, 일(日); 낮
*दिल्ली	델리
दूर	(시간, 공간, 관계 등이) 먼; 멀리
नाम	이름, 명칭; 명예; 평판
पास	가까움, 주변; 가까운, 근처의, 곁에; 가까이
बस स्टॉप	버스정류장(bus stop)
*बात	이야기; 일, 사건, 상황
बैंक	은행(bank)
भारत	인도
महीने	달, 월(月). महीना의 복수 [5과 문법 2. 3) 참조] 또는 사격 형태 [9과 문법 1) 참조]
माफ़	용서된, 양해된
में	~에 (처소격 후치사) [6과 문법 2. 2) 참조]
मेरे	나의. मैं(나)의 소유격인 मेरा의 남성 복수 또는 사격 형태 [9과 문법 1) 참조]
यहाँ	여기, 이곳; 여기에
लोग	사람들

*शाम	저녁, 황혼
से	~로 (도구격 후치사); ~로부터 (탈격 후치사) [6과 문법 2. 3) 참조]
हम	우리 (1인칭 복수 대명사)
हफ़्ते	주(週), 일주일. हफ़्ता의 복수 또는 사격 형태
हाल	상태, 상황, 정세; 현재(의)
ही	바로 (강조사)

• 숫자 1-10

एक	दो	तीन	चार	पाँच	छः	सात	आठ	नौ	दस
1	2	3	4	5	6	7	8	9	10

대화문

आशा : आप कहाँ से हैं ?

아샤: 당신은 어디 출신이십니까?

ई : मैं दक्षिण कोरिया से हूँ ।

이: 저는 한국(South Korea) 출신입니다.

आशा : अच्छा ?

아샤: 그래요?

दक्षिण कोरिया से ?

한국에서요?

मैं आशा हूँ ।

저는 아샤입니다.

आप का नाम क्या है ?

당신의 이름은 무엇입니까?

ई : मैं ईमिनहो हूँ ।

이: 저는 이민호입니다.

आप का क्या हाल है ?

당신의 상태가 어떻습니까(당신의 무슨 상태입니까)?

आशा : ठीक है ।

아샤: 괜찮습니다.

आप कब से भारत में हैं ?

당신은 언제부터 인도에 계십니까?

ई : मैं एक महीने से भारत में हूँ ।
이: 저는 한달 전부터 인도에 있습니다.

आशा : तो आप दिल्ली में कब से हैं ?
아샤: 그럼 당신은 델리에 언제부터 계신가요?

ई : एक हफ़्ते से ।
이: 일주일 전부터요.

आशा जी, यहाँ बैंक किधर है ?
아샤 님, 여기 은행이 어느 쪽에 있습니까?

आशा : बैंक उधर है, अगले बस स्टॉप के पास ।
아샤: 은행은 저쪽에 있습니다, 다음 버스 정류장 가까이에요.

ई : यहाँ से कितना दूर है ?
이: 여기에서 얼마나 멉니까?

आशा : (यहाँ से) पास ही है ।
아샤: (여기에서) 아주 가깝습니다.

हम लोग फिर यहाँ मिलेंगे ।
우리들이 다시 여기서 만날 것입니다.

ई : हम लोग फिर क्यों मिलेंगे ?
이: 우리들이 다시 왜 만날 것입니까?

आशा : आज शाम को एक अच्छा कार्यक्रम है ।
아샤: 오늘 저녁에 한 좋은 프로그램이 있습니다.

ई : माफ़ कीजिए ।
이: 죄송합니다.

मैं आज शाम को थोड़ा व्यस्त हूँ ।

제가 오늘 저녁에 조금 바쁩니다.

आशा : कोई बात नहीं ।

아샤: 괜찮습니다(아무 일이 아닙니다).

आप एक दिन मेरे घर ज़रूर आइए ।

당신이 하루 저희 집에 꼭 오십시오.

문법

1 인칭·지시대명사와 그에 따른 होना 동사의 현재형

1) 인칭·지시대명사

(1) 힌디어의 인칭대명사는 수에 따라 아래와 같습니다.

인칭 \ 수	단수	복수
1인칭	मैं (나)	हम (우리)
2인칭	तू (너)	तुम (너희, 자네들)
		आप (당신들)
3인칭	वह (저 사람/그 사람)	वे (저들/그들)
	यह (이 사람)	ये (이들)

인칭복수대명사 हम(우리), तुम(너희, 자네들), आप(당신들), वे(저들/그들), ये(이들) 가 단수로도 사용됩니다. 힌디어에서는 복수임을 분명히 나타내고자 할 때 명사, 대명사 뒤에 लोग(사람들)라는 단어를 첨가하기도 합니다. हम लोग(우리), तुम लोग(너희, 자네들), आप लोग(당신들), वे/ये लोग(그들/이들).

आप सुन्दर हैं । 당신은 아름다우십니다. (2인칭 존칭복수)
आप (लोग) सुन्दर हैं । 당신들은 아름다우십니다. (2인칭 복수)

(2) 3인칭대명사 वह(저 사람/그 사람), यह(이 사람), वे(저들/그들), ये(이들)가 지시대명사로도 사용됩니다.

वह(저것/그것)	यह(이것)	वह/यह क्या है ? 그것/이것이 무엇입니까?
वे(저것들/그것들)	ये(이것들)	वे/ये अच्छी पुस्तकें हैं । 그것들/이것들이 좋은 책입니다.

☑ 지시대명사가 형용사적으로 사용되기도 합니다.

यह कार्यक्रम क्या है ? 이 프로그램이 무엇입니까?

2) 인칭에 따른 होना 동사의 현재형

होना(~이다, 있다) 동사의 현재형은 인칭대명사의 인칭과 수에 따라 아래 표와 같이 변합니다.

인칭 \ 수	단수		복수	
1인칭	मैं	हूँ	हम	हैं
2인칭	तू	है	तुम	हो
			आप	हैं
3인칭	वह	है	वे	हैं
	यह	है	ये	हैं

मैं अच्छा/*अच्छी हूँ । 내가 좋습니다.

हम (लोग) अच्छे/*अच्छी हैं । 우리(들)가 좋습니다.

तू अच्छा/*अच्छी है । 네가 좋다.

तुम (लोग) अच्छे/*अच्छी हो । 자네(들)가 좋군.

आप (लोग) अच्छे/*अच्छी हैं । 당신(들)이 좋습니다.

वह अच्छा/*अच्छी है । 그(녀)가 좋습니다.

वे (लोग) अच्छे/*अच्छी हैं । 그분(들)이 좋습니다.

2 특수의문문

1) कौन(누구), कब(언제), कहाँ(어디에), क्या(무엇), कैसा(어떠한), कैसे(어떻게), क्यों(왜), किधर(어느 쪽에), कितना(얼마나) 등과 같은 의문사를 사용한 문장을 특수의문문이라고 합니다.

2) 의문사는 술부의 본동사 앞에 오는 것을 원칙으로 하며, 이때 문장의 끝은 올리지 않습니다.

आप कौन हैं ? 당신은 누구십니까?

आप कब से भारत में हैं ? 당신은 언제부터 인도에 계십니까?

आप कहाँ हैं ? 당신은 어디에 계십니까?

आप का नाम क्या है ? 당신의 이름은 무엇입니까?

हम लोग फिर कैसे मिलेंगे ? 우리는 다시 어떻게 만날 것입니까?

हम लोग फिर क्यों मिलेंगे ? 우리는 다시 왜 만날 것입니까?

बैंक किधर है ? 은행이 어느 쪽에 있습니까?

3) कैसा(어떤), कितना(얼마나) 등의 의문형용사는 주어나 수식하는 명사의 성과 수에 일치하고, 한정적으로 사용될 때 수식하는 명사 앞에 옵니다.

कार्यक्रम कैसा है ? 프로그램이 어떻습니까?

आप कैसे हैं ? 당신이(남성) 어떻습니까?

आप *कैसी हैं ? 당신이(여성) 어떻습니까?

बैंक यहाँ से कितना दूर है ? 은행이 여기에서 얼마나 멉니까?

कितनी *अच्छी बात है ! 얼마나 좋은 얘기(일)인지요!

듣기

हिन्दी वाक्यों को ध्यान से सुनिए ।

힌디어 문장을 주의 깊게 들으시오.

1 आप कहाँ से हैं ?

당신은 어디 출신이십니까?

2 मैं दक्षिण कोरिया से हूँ ।

저는 한국 출신입니다.

3 आप का नाम क्या है ?

당신의 이름은 무엇입니까?

4 आप कब से भारत में हैं ?

당신은 언제부터 인도에 계십니까?

5 मैं एक महीने से भारत में हूँ ।

저는 한달 전부터 인도에 있습니다.

6 बैंक किधर है ?

은행이 어느 쪽에 있습니까?

7 बैंक उधर है, अगले बस स्टॉप के पास ।

은행은 저쪽에 있습니다, 다음 버스 정류장 가까이에요.

8 बैंक यहाँ से कितना दूर है ?

은행이 여기에서 얼마나 멉니까?

9 हम लोग फिर क्यों मिलेंगे ?

우리들이 다시 왜 만날 것입니까?

10 आज शाम को एक अच्छा कार्यक्रम है ।

오늘 저녁에 한 좋은 프로그램이 있습니다.

쓰기

कोष्ठक में दिये गये शब्दों से वाक्य बनाइए ।

괄호 안에 주어진 단어로 문장을 만드시오.

1. 당신은 어디 출신이십니까? (हैं, से, कहाँ, आप)

2. 저는 한국(South Korea) 출신입니다. (हूँ, कोरिया, मैं, दक्षिण, से)

3. 당신의 이름은 무엇입니까? (नाम, है, का, आप, क्या)

4. 당신은 언제부터 인도에 계십니까? (से, हैं, आप, कब, में, भारत)

5. 저는 한달 전부터 인도에 있습니다. (में, महीने, हूँ, भारत, एक, मैं, से)

6. 은행이 어느 쪽에 있습니까? (किधर, है, बैंक)

7. 은행은 저쪽에 있습니다, 다음 버스 정류장 가까이에요.
(बस स्टॉप, बैंक, के पास, अगले, है, उधर)

8. 은행이 여기에서 얼마나 멉니까? (दूर, से, कितना, बैंक, यहाँ, है)

9. 우리들이 다시 왜 만날 것입니까? (क्यों, लोग, मिलेंगे, फिर, हम)

10 오늘 저녁에 한 좋은 프로그램이 있습니다. (शाम, अच्छा, है, आज, कार्यक्रम, एक, को)

연습

कोष्ठक में दिये गये शब्द के अनुरूप वाक्य बदलिए ।

괄호 안에 주어진 단어에 따라 문장을 바꾸시오.

1

आप कहाँ से हैं ?

당신은 어디 출신이십니까?

1 (तू)

너는 어디 출신이니?

2 (तुम)

자네는 어디 출신인가?

3 (वह)

그(녀)는 어디 출신입니까?

4 (वे लोग)

그(녀)들은 어디 출신입니까?

2

आप कब से भारत में हैं ?

당신은 언제부터 인도에 계십니까?

1 (तू)

너는 언제부터 인도에 있니?

2 (तुम)

자네는 언제부터 인도에 있는가?

3 (यह)

이 사람은 언제부터 인도에 있습니까?

4 (ये, (존칭복수))

이분은 언제부터 인도에 계십니까?

3

हम लोग फिर क्यों मिलेंगे ?

우리들이 다시 왜 만날 것입니까?

1 (कैसे)

우리들이 다시 어떻게 만날 것입니까?

2 (कब)

우리들이 다시 언제 만날 것입니까?

3 (कहाँ)

우리들이 다시 어디서 만날 것입니까?

4 (किधर)

우리들이 다시 어느 쪽에서 만날 것입니까?

4

बैंक किधर है ?

은행이 어느 쪽에 있습니까?

1 (कितना दूर)

은행이 얼마나 멉니까?

2 (कब से)

은행이 언제부터 있습니까?

3 (कहाँ)

은행이 어디에 있습니까?

4 (क्यों)

은행이 왜 있습니까?

5

आप का नाम क्या है ?

당신의 이름은 무엇입니까?

1 (तुम, कौन)

자네는 누구인가?

2 (वह कार्यक्रम, कैसा)

그 프로그램은 어떻습니까?

3 (मैं, कहाँ)

저는 어디에 있습니까?

4 (यह, क्या)

이것은 무엇입니까?

회화 테스트

हिन्दी में बोलिए ।

힌디어로 말하시오.

1 당신은 어디 출신이십니까?

2 저는 한국 출신입니다.

3 당신의 이름은 무엇입니까?

4 당신은 언제부터 인도에 계십니까?

5 저는 한달 전부터 인도에 있습니다.

6 은행이 어느 쪽에 있습니까?

7 은행은 저쪽에 있습니다, 다음 버스 정류장 가까이에요.

8 은행이 여기에서 얼마나 멉니까?

9 우리들이 다시 왜 만날 것입니까?

10 오늘 저녁에 한 좋은 프로그램이 있습니다.

※ 정답은 듣기 참조

단원 평가

ध्यान से सुनिए और ठीक उत्तर चुनिए ।

주의 깊게 듣고 옳은 답을 고르시오.

문제 1-2

आशा :

ई :

आशा :

ई :

आशा :

ई :

1 मिनहो कहाँ से है ?

① वह यहाँ से है ।

② मिनहो कब से भारत में है ?

③ वह दक्षिण कोरिया से है ।

④ वह दिल्ली से है ।

2 मिनहो कब से भारत में है ?

① वह एक महीने से भारत में है ।
② वह आज शाम से भारत में है ।
③ वह एक दिन से भारत में है ।
④ वह एक हफ़्ते से भारत में है ।

문제 3-4

ई :

आशा :

ई :

आशा :

3 बैंक किधर है ?

① बैंक इधर है ।
② बैंक दक्षिण कोरिया में है ।
③ बैंक भारत में है ।
④ बैंक बस स्टॉप के पास है ।

4 बैंक यहाँ से कितना दूर है ?

① बैंक यहाँ से बहुत दूर है ।
② बैंक यहाँ से थोड़ा दूर है ।
③ बैंक यहाँ से बहुत पास है ।
④ बैंक यहाँ से थोड़ा अच्छा है ।

문제 5

ई :

आशा :

ई :

आशा :

5 आज शाम को क्या है ?

① आज शाम को एक अच्छा कार्यक्रम है ।
② आज शाम को कोई बात नहीं है ।
③ आज शाम को मैं यहाँ हूँ ।
④ आज शाम को वह उधर है ।

3과

क्या आप हुसैन साहब हैं ?

당신이 후세인 선생님이십니까?

학습 목표

- 일반의문문
- 부정대명사 कोई, कुछ

어휘

कलाकार	예술가
कॉन्सर्ट	콘서트(concert), 연주회
दोस्त	친구
न	아니, 안 (부정어); 않다 (의문문의 끝에 강조)
नहीं	아니오; 아니, 안 (부정어)
पत्रकार	언론인, 저널리스트
बढ़िया	탁월한, 훌륭한, 뛰어난, 아주 좋은
बताइए	말해주십시오. **बताना**(말해주다) 동사의 **आप**에 대한 명령형
बहुत	많은, 충분한; 매우, 대단히
सितार	씨따르. 20줄 안팎의 인도의 전통 현악기
सुनाइए	들려주십시오. **सुनाना**(들려주다) 동사의 **आप**에 대한 명령형

• 숫자 11-20

ग्यारह	बारह	तेरह	चौदह	पन्द्रह
11	12	13	14	15
सोलह	सत्रह	अठारह	उन्नीस	बीस
16	17	18	19	20

대화문

किम : नमस्कार, क्या आप हुसैन साहब हैं ?

김: 안녕하세요, 당신이 후세인 선생님이십니까?

चौहान : जी नहीं, मैं हुसैन साहब नहीं हूँ ।

쪼우한: 아닙니다, 저는 후세인 선생님이 아닙니다.

किम : अच्छा ? तो क्या आप ही हुसैन साहब के दोस्त चौहान जी हैं ?

김: 그래요? 그럼 바로 당신이 후세인 선생님의 친구분 쪼우한 님이십니까?

चौहान : जी हाँ, मैं हुसैन का दोस्त चौहान हूँ ।

쪼우한: 네, 제가 후세인의 친구 쪼우한입니다.

आप तो किम जी हैं न ?

당신은 김 님이시지요, 그렇지 않습니까?

किम : जी, मैं किम हूँ ।

김: 네, 제가 김입니다.

आप कैसे हैं ?

당신은 어떻습니까?

चौहान : मैं बढ़िया हूँ ।

쪼우한: 저는 아주 좋습니다.

आप सुनाइए !

당신은 어떻습니까? (당신이 들려주십시오!)

किम : मैं भी बढ़िया हूँ ।

김: 저도 아주 좋습니다.

चौहान जी, क्या आप भी कलाकार हैं ?

쪼우한 님, 당신도 예술가십니까?

चौहान : जी नहीं, मैं कलाकार नहीं हूँ ।

쪼우한: 아닙니다, 저는 예술가가 아닙니다.

मैं पत्रकार हूँ ।

저는 언론인입니다.

किम : अच्छा, यह बताइए, क्या आजकल कोई अच्छा कार्यक्रम है ?

김: 그래요, 이것을 말씀해주십시오, 요즘 어떤 좋은 프로그램이 있습니까?

चौहान : जी, कुछ अच्छे कार्यक्रम हैं ।

쪼우한: 네, 몇 좋은 프로그램이 있습니다.

कल शाम को बहुत ही अच्छा सितार कॉन्सर्ट है ।

내일 저녁에 매우 좋은 씨따르 연주회가 있습니다.

किम : क्या हम लोग कल शाम को फिर मिलेंगे ?

김: 우리가 내일 저녁에 다시 만날 것입니까?

चौहान : जी हाँ, ज़रूर !

쪼우한: 네, 물론이죠!

हम लोग कल शाम को फिर मिलेंगे ।

우리가 내일 저녁에 다시 만날 것입니다.

문법

1 일반의문문

1) 2과에서 의문사로 배운 क्या가 의문표지로 사용된 문장을 일반의문문이라고 합니다.

2) 의문표지 क्या는 문장 앞에 오며 문장의 끝을 올려 억양으로도 의문문임을 표현합니다.

क्या आप हुसैन साहब हैं ? 당신이 후세인 선생님이십니까?

क्या हम लोग कल फिर मिलेंगे ? 우리가 내일 다시 만날 것입니까?

क्या वे कलाकार हैं ? 그(여자)분이 예술가이십니까?

☑ 의문표지 क्या가 일상회화에서 생략되기도 합니다.

(क्या) आप हुसैन साहब हैं ? 당신이 후세인 선생님이십니까?

3) 일반의문문에 대한 답은 हाँ(예) 또는 नहीं(아니오)로 합니다. नहीं은 부정문에서도 사용되며, 이 때 부정어 नहीं은 본동사 앞에 오는 것이 원칙입니다.

हाँ, मैं हुसैन हूँ । 네, 제가 후세인입니다.
नहीं, मैं हुसैन साहब नहीं हूँ । 아니요, 저는 후세인 선생님이 아닙니다.

☑ 상대방에게 존경을 표하면서 대답할 때는 1과에서 공부한 존경을 나타내는 불변화사 जी를 हाँ 또는 नहीं 앞에 첨가합니다. हाँ을 생략하고 जी만 쓸 수도 있습니다.

जी हाँ, हम लोग कल शाम को फिर मिलेंगे । 네, 우리가 내일 저녁에 다시 만날 것입니다.

जी नहीं, मैं कलाकार नहीं हूँ । 아니요, 저는 예술가가 아닙니다.

जी, मैं किम हूँ । 네, 제가 김입니다.

2 부정대명사 कोई, कुछ

분명하지 않거나 알려지지 않은 사람이나 사물을 가리키는 부정대명사에는 कोई와 कुछ가 있습니다.

1) कोई

(1) कोई는 긍정문에서는 '누군가, 어떤 사람', 부정문에서는 '아무, 아무 것도'라는 뜻을 나타내고, 항상 단수로 사용됩니다.

यहाँ कोई है ? 여기 누군가 있습니까?

यहाँ कोई नहीं है । 여기에 아무도 없습니다.

(2) कोई가 관형적으로도 사용됩니다.

क्या आजकल कोई अच्छा कार्यक्रम है ? 요즘 어떤 좋은 프로그램이 있습니까?

कोई बात नहीं । 괜찮습니다(아무 일이 아닙니다).

2) कुछ

(1) कुछ는 긍정문에서는 '무언가, 어떤 것', 부정문에서는 '아무 것도'라는 뜻으로 사용되는 불변화사입니다.

यहाँ कुछ है ? 여기 무언가 있습니까?

यहाँ कुछ नहीं है । 여기에 아무 것도 없습니다.

(2) कुछ가 형용사적, 부사적으로도 사용되어 '몇', '좀', '약간'의 의미를 갖습니다.

आजकल कुछ अच्छे कार्यक्रम हैं । 요즘 몇 개의 좋은 프로그램이 있습니다. (형용사적 사용)

कुछ और है । 좀 더 있습니다. (부사적 사용)

듣기

हिन्दी वाक्यों को ध्यान से सुनिए ।

힌디어 문장을 주의 깊게 들으시오.

1 क्या आप हुसैन साहब हैं ?

당신이 후세인 선생님이십니까?

2 जी नहीं, मैं हुसैन साहब नहीं हूँ ।

아닙니다, 저는 후세인 선생님이 아닙니다.

3 क्या आप ही हुसैन साहब के दोस्त चौहान जी हैं ?

바로 당신이 후세인 선생님의 친구분 쪼우한 님이십니까?

4 जी हाँ, मैं हुसैन का दोस्त चौहान हूँ ।

네, 제가 후세인의 친구 쪼우한입니다.

5 क्या आप भी कलाकार हैं ?

당신도 예술가십니까?

6 जी नहीं, मैं कलाकार नहीं हूँ ।मैं पत्रकार हूँ ।

아니요, 저는 예술가가 아닙니다. 저는 언론인입니다.

7 क्या आजकल कोई अच्छा कार्यक्रम है ?

요즘 어떤 좋은 프로그램이 있습니까?

8 जी हाँ, आजकल कुछ अच्छे कार्यक्रम हैं ।

네, 요즘 몇 좋은 프로그램이 있습니다.

9 क्या हम लोग कल शाम को फिर मिलेंगे ?

우리가 내일 저녁에 다시 만날 것입니까?

10 जी हाँ, हम लोग कल शाम को फिर मिलेंगे ।

네, 우리가 내일 저녁에 다시 만날 것입니다.

쓰기

कोष्ठक में दिये गये शब्दों से वाक्य बनाइए ।

괄호 안에 주어진 단어로 문장을 만드시오.

1. 당신이 후세인 선생님이십니까? (आप, हैं, साहब, हुसैन, क्या)

2. 아닙니다, 저는 후세인 선생님이 아닙니다. (नहीं, साहब, हूँ, नहीं, मैं, जी, हुसैन)

3. 바로 당신이 후세인 선생님의 친구분 쪼우한 님이십니까?
   (ही, आप, के, चौहान, क्या, हैं, दोस्त, जी, साहब)

4. 네, 제가 후세인의 친구 쪼우한입니다. (का, मैं, चौहान, हुसैन, जी, हूँ, हाँ, दोस्त)

5. 당신도 예술가십니까? (कलाकार, भी, क्या, हैं, आप)

6. 아니요, 저는 예술가가 아닙니다. 저는 언론인입니다.
   (हूँ, पत्रकार, नहीं, जी, हूँ, मैं, मैं, नहीं, कलाकार)

7. 요즘 어떤 좋은 프로그램이 있습니까? (कार्यक्रम, आजकल, है, अच्छा, क्या, कोई)

8. 네, 요즘 몇 좋은 프로그램이 있습니다. (हैं, जी, कार्यक्रम, कुछ, आजकल, अच्छे, हाँ)

9. 우리가 내일 저녁에 다시 만날 것입니까? (मिलेंगे, को, क्या, कल, हम, शाम, फिर, लोग)

10 네, 우리가 내일 저녁에 다시 만날 것입니다.

(शाम, फिर, जी, हम, कल, को, हाँ, मिलेंगे, लोग)

연습

कोष्ठक में दिये गये शब्द के अनुरूप वाक्य बदलिए ।

괄호 안에 주어진 단어에 따라 문장을 바꾸시오.

1

क्या आप हुसैन साहब हैं ?

당신이 후세인 선생님이십니까?

1. (वे(여성), श्रीमती चौहान)

   그분이(여성) 쪼우한 여사십니까?

2. (तुम, कलाकार)

   자네가 예술가인가?

3. (तू, पत्रकार)

   네가 언론인이니?

4 (वह(남성), चौहान का दोस्त)

그가(남성) 쪼우한의 친구십니까?

2

जी नहीं, मैं हुसैन साहब नहीं हूँ ।

아닙니다, 저는 후세인 선생님이 아닙니다.

1 (वे(여성), श्रीमती चौहान)

아니요, 그분은(여성) 쪼우한 여사가 아니십니다.

2 (मैं, कलाकार)

아니요, 저는 예술가가 아닙니다.

3 (हम, पत्रकार)

아니요, 우리는 언론인이 아닙니다.

4 (वह(남성), चौहान का दोस्त)

아니요, 그는(남성) 쪼우한의 친구가 아닙니다.

3

क्या आप कलाकार हैं ?

당신이 예술가십니까?

1 (मैं, पत्रकार)

제가 언론인입니까?

2 (वे(여성), आशा जी)

그분이(여성) 아샤 님이십니까?

3 (वे(남성), हुसैन साहब)

그분이(남성) 후세인 선생님이십니까?

4 (वह(남성), विद्यार्थी 학생)

그가 학생입니까?

4

क्या यहाँ कल शाम को कोई कार्यक्रम है ?

여기 내일 저녁에 어떤 프로그램이 있습니까?

1 (आज *शाम को, कुछ कार्यक्रम)

여기 오늘 저녁에 몇 프로그램이 있습니까?

2 (आज *रात 밤 को, कोई विद्यार्थी)

여기 오늘 저녁에 어떤 학생이 있습니까?

3 (ये लोग, कल *सुबह 아침; 아침에, कुछ विद्यार्थी)

여기 내일 아침에 몇 학생들이 있습니까?

4 (आज *दोपहर 정오 को, कुछ कलाकार)

여기 오늘 정오에 몇 예술가들이 있습니까?

5

जी हाँ, यहाँ कल शाम को कोई कार्यक्रम है ।

네, 여기 내일 저녁에 어떤 프로그램이 있습니다.

1 (आज *शाम को, कुछ कार्यक्रम)

네, 여기 오늘 저녁에 몇 프로그램이 있습니다.

2 (आज *रात को, कोई विद्यार्थी)

네, 여기 오늘 밤에 어떤 학생이 있습니다.

3 (कल *सुबह, कुछ विद्यार्थी)

네, 여기 내일 아침에 몇 학생들이 있습니다.

4 (आज *दोपहर को, कुछ कलाकार)

네, 여기에 오늘 정오에 몇 예술가들이 있습니다.

회화 테스트

हिन्दी में बोलिए ।

헌디어로 말하시오.

1. 당신이 후세인 선생님이십니까?

2. 아닙니다, 저는 후세인 선생님이 아닙니다.

3. 바로 당신이 후세인 선생님의 친구분 쪼우한 님이십니까?

4. 네, 제가 후세인의 친구 쪼우한입니다.

5. 당신도 예술가십니까?

6. 아니요, 저는 예술가가 아닙니다. 저는 저널리스트입니다.

7. 요즘 어떤 좋은 프로그램이 있습니까?

8. 네, 요즘 몇 좋은 프로그램이 있습니다.

9. 우리가 내일 저녁에 다시 만날 것입니까?

10. 네, 우리가 내일 저녁에 다시 만날 것입니다.

※ 정답은 듣기 참조

단원 평가

ध्यान से सुनिए और ठीक उत्तर चुनिए ।

주의 깊게 듣고 옳은 답을 고르시오.

문제 1-2

किम :

चौहान :

किम :

चौहान :

किम :

1 क्या हुसैन साहब की दोस्त श्रीमती किम जी हैं ?

① जी हाँ, हुसैन साहब की दोस्त किम जी हैं ।

② जी नहीं, हुसैन साहब की दोस्त किम जी नहीं हैं ।

③ जी हाँ, हुसैन साहब के कुछ दोस्त हैं ।

④ जी नहीं, हुसैन साहब का कोई दोस्त नहीं है ।

2 हुसैन साहब के दोस्त कौन हैं ?

① हुसैन साहब के दोस्त साहब हैं ।
② हुसैन साहब की दोस्त किम जी हैं ।
③ हुसैन साहब के दोस्त चौहान जी हैं ।
④ हुसैन साहब के दोस्त आप हैं ।

문제 3-4

किम :

चौहान :

किम :

चौहान :

3 क्या चौहान जी पत्रकार है ?

① जी नहीं, चौहान जी पत्रकार नहीं हैं ।
② जी नहीं, चौहान जी साहब नहीं हैं ।
③ जी हाँ, चौहान जी साहब हैं ।
④ जी हाँ, चौहान जी पत्रकार हैं ।

4 क्या कोई अच्छा सितार कॉन्सर्ट आज शाम को है ?

① जी नहीं । कोई अच्छा सितार कॉन्सर्ट आज रात को है ।
② जी नहीं । कोई अच्छा सितार कॉन्सर्ट कल सुबह है ।
③ जी नहीं । कोई अच्छा सितार कॉन्सर्ट कल शाम को है ।
④ जी नहीं । कोई अच्छा सितार कॉन्सर्ट कल रात को है ।

문제 5

किम :

चौहान :

5 क्या किम जी और चौहान जी कल शाम को मिलेंगे ?

① जी नहीं । वे लोग आज शाम को मिलेंगे ।
② जी हाँ, वे लोग कल शाम को मिलेंगे ।
③ जी नहीं । वे लोग कल सुबह मिलेंगे ।
④ जी नहीं, वे लोग कल शाम को नहीं मिलेंगे ।

4과

आइए, आइए ।

어서 오십시오.

학습 목표

- 동사의 부정사
- 명령법

어휘

अन्दर	~안에, 안으로; 안(쪽), 속, 내부
अब	지금, 현재, 이제
*ऑटो	오토릭샤. 인도 대중 교통 수단 중 하나로 모터 달린 인력거
आना	오다; 도착하다; 나타나다; 알다; (화 등이) 나다
इधर	이쪽에, 이쪽으로
करना	하다
के यहाँ	(~의) 장소에, (~의) 집에 [यहाँ 여기, 이곳; 여기에]
खाना	음식, 식사; 먹다; 섭취하다, 복용하다; 삼키다
चलना	움직이다; 나아가다; 옮기다; 걷다
जाना	가다, 떠나다; 지나가다; 잃다; 죽다
*टैक्सी	택시(taxi)
तैयार	준비된
देखना	보다, 목격하다; 관찰하다; 간파하다
देना	주다, 부여하다; 바치다; 넘기다
धन्यवाद	감사; 감사를 나타내는 말
पर	~위에 (처소격 후치사, 영어의 on); 그러나

पानी	물; 수액(水液)
पीना	마시다; 견디다, 참다
बुलाना	부르다
बैठना	앉다; 자리잡다
भोजन	음식; 식사
मौसम	날씨, 기후; 때; 계절
या	또는, 혹은
लेना	받다, 가지다, 취하다; 얻다; 먹다; 사다
लाना	가져오다; 데려오다; 사오다
स्वादिष्ट	맛있는

• 숫자 21-30

इक्कीस	बाईस	तेईस	चौबीस	पच्चीस
21	22	23	24	25
छब्बीस	सत्ताईस	अट्ठाईस	उनतीस	तीस
26	27	28	29	30

대화문

चौहान: आइए, आइए, अन्दर आइए ।

쯔우한: 오십시오, 오십시오, 안으로 오십시오.

वहाँ न बैठिए ।

거기 앉지 마십시오.

यहाँ बैठिए !

여기 앉으십시오!

आज मौसम कितना अच्छा है !

오늘 날씨가 얼마나 좋은지요!

ई: जी, देखिए, आज मौसम बहुत अच्छा है ।

이: 네, 보십시오, 오늘 날씨가 매우 좋습니다.

चौहान: ओ दीपा, ई साहब आए हैं ।

쯔우한: 오 디빠, 이 선생님이 오셨네.

पानी लाना !

물을 가져오게!

दीपा: नमस्कार ई साहब, यह लीजिए !

디빠: 안녕하십니까 이 선생님, 이것을 받으십시오!

पानी पीजिए !

물을 마시십시오!

यह पीने का पानी है ।

이것은 마시는 물입니다.

आप आज हमारे यहाँ ज़रूर भोजन कीजिए ।

당신이 오늘 저희 집에서 꼭 식사하십시오.

ई: जी, बहुत धन्यवाद ।

이: 네, 매우 감사합니다.

दीपा: खाना तैयार है । इधर आइए ।

디빠: 음식이 준비되어 있습니다. 이쪽으로 오십시오.

भोजन कीजिए ।

식사하십시오.

ई: खाना बहुत स्वादिष्ट है ।

이: 음식이 매우 맛있습니다.

दीपा: धन्यवाद, और लीजिए ।

디빠: 고맙습니다, 더 드십시오.

आप फिर खाने पर आइएगा ।

당신이 또 식사에 오십시오.

ई: धन्यवाद । अब मैं चलता हूँ ।

이: 감사합니다. 이제 저는 가보겠습니다.

दीपा: आप यहाँ से कैसे जाइएगा; टैक्सी से या ऑटो से ?

디빠: 당신은 여기에서 어떻게 가실 것입니까, 택시로 또는 오토릭샤로?

ई: कृपया एक टैक्सी बुला दीजिए ।

이: 친절하게 택시 한 대를 불러 주십시오.

문법

1 동사의 부정사

1) 힌디어의 부정사는 [동사어간 + 부정사 어미 -ना]로 구성됩니다.

आ(동사어간) + -ना(부정사 어미) = आना(오다; 옴)

हो(동사어간) + -ना(부정사 어미) = होना(~이다, 있다; 있음)

2) 부정사는 인칭(人稱), 수(數), 법(mood) 등을 나타내지 않고 단순히 동사라는 것만 알려줍니다. 부정사는 독립적으로 사용되기도 하고 5, 6과에서 집중적으로 공부할 격 후치사와 함께 오기도 합니다. 부정사는 -आ로 끝나는 형용사나 남성 단수 명사처럼 후치사가 오면 격변화합니다.

यह पीने का पानी है । 이것이 마시는 물입니다.

3) 부정사가 명령형으로 쓰이기도 합니다.

पानी लाना ! 물을 가져오게!

☑ 부정사의 명령형은 공손한 표현이 아닙니다. 그러나 일상에서 편리하게 사용할 수 있는 명령법입니다.

2 명령법

1) 명령법은 기본적으로 2인칭에게 사용합니다. 힌디어의 2인칭 대명사는 तू, तुम, आप 세 개입니다. तू는 아주 친밀한 사람, 신, 아랫사람, 어린 아이, 경멸의 대상에게, तुम은 대등하거나 아랫사람에게, आप은 손윗사람이나 존경을 표해야 할 대상에게 각각 사용합니다.

2) 2인칭대명사 세 개에 대한 명령형은 아래의 표와 같습니다.

आना(오다)

2인칭대명사	명령형
तू(너)	동사 어간 → आ(와)
तुम(자네)	동사 어간 + -ओ → आओ(오게)
आप(당신)	동사 어간 + -इए → आइए(오십시오)

(तू) अन्दर आ । (너) 안으로 와.

(तुम) अन्दर आओ । (자네) 안으로 오게.

(आप) अन्दर आइए । (당신) 안으로 오십시오.

3) आप과 तुम에 대한 명령형에서 불규칙하게 변하는 동사들은 아래와 같습니다.

동사 / 2인칭 대명사	करना (하다)	देना (주다)	लेना (받다)	पीना (마시다)
आप	कीजिए	दीजिए	लीजिए	पीजिए
तुम	규칙적	दो	लो	पिओ

आज हमारे यहाँ भोजन कीजिए । 오늘 저희 집에서 식사 하십시오.

ठण्डा पानी दीजिए । 찬 물을 주십시오. [ठण्डा 찬, 시원한]

यह लीजिए, पानी पीजिए ! 이거 드십시오, 물을 마시십시오!

यह लो, पानी पिओ ! 이거 들게, 물을 마시게나!

☑ पीना(마시다) 동사의 तुम에 대한 명령형에서 어간의 -ई가 -इ로 바뀌고 명령형 어미 -ओ가 첨가됩니다.

पानी पिओ । 물을 마시게.

4) 명령법의 부정어로는 न와 मत가 있는데 आप에 대한 명령문에서는 न 그리고 तू와 तुम에 대한 명령문에서는 मत가 옵니다. 실제 회화에서는 मत가 आप과 함께 사용되기도 합니다. 부정어는 동사의 앞에 오는 것이 원칙입니다.

(तू) वहाँ मत बैठ । (너) 거기 앉지 마.

(तुम) वहाँ मत बैठो । (자네) 거기 앉지 말게.

(आप) वहाँ न बैठिए । (당신) 거기 앉지 마십시오.

☑ 동사의 부정사가 명령형으로 사용될 때도 부정어로 न 또는 मत를 씁니다.

वहाँ मत बैठना । 거기 앉지 마라.

5) 공손한 표현을 위해 कृपया(친절하게, 친절을 베풀어)를 명령문 앞에서 쓸 수 있습니다.

कृपया एक टैक्सी बुला दीजिए । 친절하게 택시 한 대를 불러 주십시오.

6) आप에 대한 공손한 표현으로 [동사어간 + -इएगा]가 있습니다. 이 표현은 미래에 행해질 행위를 강조하거나 명령의 뉘앙스를 약화 또는 기피하면서 말하는 가장 정중한 표현입니다.

आप फिर खाने पर आइएगा । 당신이 또 식사에 오십시오.

आप यहाँ से कैसे जाइएगा ? 당신은 여기에서 어떻게 가실 것입니까?

듣기

हिन्दी वाक्यों को ध्यान से सुनिए ।

힌디어 문장을 주의 깊게 들으시오.

1 आइए, आइए, अन्दर आइए ।

오십시오, 오십시오, 안으로 오십시오.

2 आप वहाँ न बैठिए । यहाँ बैठिए !

당신이 거기 앉지 마십시오. 여기 앉으십시오!

3 आज मौसम कितना अच्छा है !

오늘 날씨가 얼마나 좋은지요!

4 तुम पानी लाना !

자네가 물을 가져오게!

5 यह पीने का पानी है ।

이것이 마시는 물입니다.

6 आप आज हमारे यहाँ ज़रूर भोजन कीजिए ।

당신이 오늘 저희 집에서 꼭 식사하십시오.

7 खाना तैयार है ।

음식이 준비되어 있습니다.

8 आप फिर खाने पर आइएगा ।

당신이 또 식사에 오십시오.

9 आप यहाँ से कैसे जाइएगा ?

당신은 여기에서 어떻게 가실 것입니까?

10 कृपया एक टैक्सी बुला दीजिए ।

친절하게 택시 한 대를 불러 주십시오.

쓰기

कोष्ठक में दिये गये शब्दों से वाक्य बनाइए ।

괄호 안에 주어진 단어로 문장을 만드시오.

1. 오십시오, 오십시오, 안으로 오십시오. (आइए, अन्दर, आइए, आइए)

2. 당신이 거기 앉지 마십시오. 여기 앉으십시오! (न, वहाँ, आप, बैठिए, बैठिए, यहाँ)

3. 오늘 날씨가 얼마나 좋은지요! (कितना, है, मौसम, आज, अच्छा)

4. 자네가 물을 가져오게! (लाना, पानी, तुम)

5. 이것이 마시는 물입니다. (पानी, पीने, है, का, यह)

6. 당신이 오늘 저희 집에서 꼭 식사하십시오.
(यहाँ, ज़रूर, आज, कीजिए, भोजन, हमारे, आप)

7. 음식이 준비되어 있습니다. (है, तैयार, खाना)

8. 당신이 또 식사에 오십시오. (आइएगा, फिर, पर, आप, खाने)

9. 당신은 여기에서 어떻게 가실 것입니까? (से, जाइएगा, कैसे, यहाँ, आप)

10 친절하게 택시 한 대를 불러 주십시오. (एक, बुला. कृपया, दीजिए, टैक्सी)

연습

कोष्ठक में दिये गये शब्द के अनुरूप वाक्य बदलिए ।

괄호 안에 주어진 단어에 따라 문장을 바꾸시오.

1

यह पीने का पानी है ।

이것이 마시는 물입니다.

1 (पढ़ना 읽다, 공부하다, मौक़ा 기회, 때)

이것이 공부할 기회입니다.

2 (सोना 자다, कमरे 방)

이것들이 침실들입니다.

3 (लिखना, *मेज़ 상)

이것이 책상입니다.

4 (खाना, *चीज़ें 물건, ~것)

이것들이 먹을 것들입니다.

2

आप वहाँ न बैठिए । यहाँ बैठिए ।

당신이 거기 앉지 마십시오. 여기 앉으십시오.

1 (खाना)

당신이 거기에서 드시지 마십시오. 여기에서 드십시오.

2 (गाना 노래하다; 노래)

당신이 거기에서 노래하지 마십시오. 여기에서 노래하십시오.

3 (भोजन करना)

당신이 거기에서 식사하지 마십시오. 여기에서 식사하십시오.

4 (पानी पीना)

당신이 거기에서 물을 마시지 마십시오. 여기에서 마시십시오.

3

तुम वहाँ मत बैठो । यहाँ बैठो ।

자네가 거기 앉지 말게. 여기 앉게.

1 (खाना)

자네가 거기에서 먹지 말게. 여기에서 먹게.

2 (गाना)

자네가 거기에서 노래하지 말게. 여기에서 노래하게.

3 (देखना)

자네는 거기를 보지 말게. 여기를 보게.

4 (पानी पीना)

자네가 거기에서 물을 마시지 말게. 여기에서 마시게.

4

कृपया वह चित्र देखिए । [चित्र 그림]

친절하게 그 그림을 보십시오.

1 (लेना)

친절하게 그 그림을 받으십시오.

2 (देना)

친절하게 그 그림을 주십시오.

3 (ख़रीदना 사다, 구매하다)

친절하게 그 그림을 구매하십시오.

4 (लाना)

친절하게 그 그림을 가져오십시오.

5

आप कैसे जाइएगा ?

당신이 어떻게 가시겠습니까?

1 (भोजन करना)

당신이 어떻게 식사하시겠습니까?

2 (बैठना)

당신이 어떻게 앉으시겠습니까?

3 (आना)

당신이 어떻게 오시겠습니까?

4 (जल्दी 빨리, *टैक्सी बुला देना)

당신이 어떻게 빨리 택시를 불러주시겠습니까?

회화 테스트

हिन्दी में बोलिए ।

힌디어로 말하시오.

1 오십시오, 오십시오, 안으로 오십시오.

2 당신이 거기 앉지 마십시오. 여기 앉으십시오!

3 오늘 날씨가 얼마나 좋은지요!

4 자네가 물을 가져오게!

5 이것이 마시는 물입니다.

6 당신이 오늘 저희 집에서 꼭 식사하십시오.

7 음식이 준비되어 있습니다.

8 당신이 또 식사에 오십시오.

9 당신은 여기에서 어떻게 가실 것입니까?

10 친절하게 택시 한 대를 불러 주십시오.

※ 정답은 듣기 참조

단원 평가

ध्यान से सुनिए और ठीक उत्तर चुनिए ।

주의 깊게 듣고 옳은 답을 고르시오.

문제 1-2

चौहान:

ई:

चौहान:

1 आज मौसम कैसा है ?

① आज मौसम अच्छा नहीं है ।

② आज मौसम थोड़ा अच्छा है ।

③ आज मौसम बहुत अच्छा नहीं है ।

④ आज मौसम बहुत अच्छा है ।

2 चौहान के यहाँ कौन आया है ? [आया 왔다. आना 동사의 남성 단수 완료형]

① चौहान के यहाँ मौसम आया है ।

② चौहान के यहाँ दीपा आयी है ।

③ चौहान के यहाँ ई साहब आये हैं ।

④ चौहान के यहाँ पानी आया है ।

문제 3-4

दीपा:

ई:

दीपा:

ई:

3 आज ई साहब कहाँ भोजन करेंगे ? [करेंगे 할 것이다. करना 동사의 남성 복수 미래형]

① आज ई साहब दीपा के यहाँ भोजन करेंगे ।

② आज ई साहब दीपा के यहाँ भोजन करेंगे ।

③ आज ई साहब भोजन-घर में भोजन करेंगे ।

④ आज ई साहब अपने घर में भोजन करेंगे । [अपने 자신의. 재귀대명사 आप의 사격형태]

4 दीपा के यहाँ खाना कैसा था ? [था ~이었다, 있었다. होना 동사의 남성 단수 과거형]

① दीपा के यहाँ खाना ज़रूर था ।

② दीपा के यहाँ खाना तैयार नहीं था ।

③ दीपा के यहाँ खाना स्वादिष्ट था ।

④ दीपा के यहाँ खाना स्वादिष्ट नहीं था ।

문제 5

ई:

दीपा:

ई:

5 ई साहब दीपा और चौहान के घर से कैसे जाएँगे ?

[जाएँगे 갈 것이다. जाना 동사의 남성 복수 미래형]

① ई साहब दीपा और चौहान के घर से ऑटो से जाएँगे ।

② ई साहब दीपा और चौहान के घर से टैक्सी से जाएँगे ।

③ ई साहब दीपा और चौहान के घर से बस से जाएँगे ।

④ ई साहब दीपा और चौहान के घर से मेट्रो से जाएँगे । [*मेट्रो 전철, 메트로]

5과

क्या यह आप का नया मकान है ?

이것이 당신의 새 집이지요?

학습 목표

- 명사의 성과 수
- 소유격 후치사 का

어휘

कई	약간(의), 소수(의), 일부(의); 몇, 여러
कमरा	방
काफ़ी	충분한, 많은; 충분히, 꽤
चित्र	그림; 사진; 영상
ज़रा	적은; 작은; 조금, 약간; 적음; 작음
छोटा	작은; 어린; 짧은; 하찮은
*त्रिमूर्ति	삼신일체상(三神一體像). 브라흐마, 비슈누, 시바의 머리가 한 몸에 붙어 있는 힌두교 신상
दिखाना	보여주다, 보게 하다; 전시하다; 나타내다
नया	새, 새로운; 신선한
*फूलमाला	화환 [फूल 꽃, *माला 목걸이; 화환]
बड़ा	커다란, 큰; (나이가) 많은; (지위가) 높은
ब्रह्मा	브라흐마. 창조의 신 (힌두교)
भाई	남자형제, 형, 오빠, 남동생
मंदिर	사원, 신전; 집; 건물
मकान	집, 가옥
*मूर्ति	상(像); 신상(神像)

विष्णु	비슈누. 유지의 신 (힌두교)
शिव	시바. 파괴의 신 (힌두교)
सीता-राम	씨따와 람. 인도 서사시 『라마야나』(*Rāmāyaṇa*)의 여주인공과 주인공

• 숫자 31-40

इकतीस	बत्तीस	तैंतीस	चौंतीस	पैंतीस
31	32	33	34	35
छत्तीस	सैंतीस	अड़तीस	उनतालीस	चालीस
36	37	38	39	40

대화문

किम: क्या यह आप का नया मकान है ?

김: 이것이 당신의 새 집이지요?

चौहान : जी हाँ, यह मेरा मकान नया है ।

쪼우한: 네, 이 제 집은 새 것입니다.

किम: मकान बहुत बढ़िया है !

김: 집이 아주 훌륭합니다!

आप के मकान में कितने कमरे हैं ?

당신의 집에 방이 몇 개 있습니까?

चौहान : (मेरे मकान में) चार कमरे हैं ।

쪼우한: (저희 집에) 방이 네 개 있습니다.

तीन कमरे बड़े हैं, और एक कमरा काफ़ी छोटा है ।

방 세 개는 크고 방 하나는 꽤 작습니다.

किम: अच्छा, ज़रा मकान दिखाइए ।

김: 그래요, 좀 집을 보여주십시오.

चौहान : ज़रूर ! आइए, इधर आइए ।

쪼우한: 물론입니다! 오십시오, 이쪽으로 오십시오.

किम: यह क्या है ?

김: 이것은 무엇입니까?

चौहान : यह मंदिर है ।

쪼우한: 이것은 사원입니다.

किम: यहाँ कई मूर्तियाँ और चित्र हैं !

김: 여기에 여러 신상들과 그림들이 있군요!

वह क्या है ?

저것은 무엇입니까?

चौहान : वह त्रिमूर्ति है, ब्रह्मा, विष्णु और शिव की ।

쪼우한: 저것은 삼신일체상입니다, 브라흐마, 비슈누 그리고 시바의.

किम: वह चित्र सीता-राम का है न ?

김: 저 그림은 씨따와 람의 것이지요, 그렇지 않습니까?

उस चित्र पर एक फूलमाला है ।

저 그림에 화환이 한 개 있습니다.

त्रिमूर्ति पर तो तीन फूलमालाएँ हैं ।

삼신일체상에는 화환이 세 개 있습니다.

अच्छा है !

좋습니다!

문법

1 명사의 성과 수

1) 성

힌디어의 명사는 남성과 여성으로 나누어집니다. 명사의 성을 구별하는 데 통용되는 두 가지 법칙이 있습니다.

(1) 자연성을 따릅니다.

पिता(아버지)	남성명사	*माता(어머니)	여성명사
भाई(남자형제)	남성명사	*बहन(여자형제)	여성명사
लड़का(남자아이)	남성명사	*लड़की(여자아이)	여성명사

(2) -आ로 끝나는 명사는 대부분 남성명사이고, -ई로 끝나는 명사는 대부분 여성명사입니다.

कमरा(방)	남성명사	*खिड़की(창문)	여성명사
दरवाज़ा(문)	남성명사	*कुर्सी(의자)	여성명사

☑ 그러나 많은 예외가 있어 -आ로 끝나지만 여성명사, -ई로 끝나지만 남성명사인 경우도 있습니다.

*माला(목걸이; 화환)	여성명사	पानी(물)	남성명사
*दवा (약)	여성명사	हाथी(코끼리)	남성명사

2) 수

힌디어의 명사에는 단수와 복수의 구별이 있습니다. 성에 따라 명사의 단-복수의 형태를 보면 아래와 같습니다

(1) 남성명사에는 -आ로 끝나는 것과 그렇지 않은 것이 있습니다.

① -आ로 끝나는 남성명사는 복수에서 -आ가 -ए로 변합니다.

कमरा(방) → कमरे(방들)
लड़का(남자아이) → लड़के(남자아이들)

② -आ로 끝나지 않은 남성명사는 복수에서 그 형태가 변하지 않습니다.

भाई(남자형제) → भाई(남자형제들)
मकान(집) → मकान(집들)

(2) 여성명사에는 -ई로 끝나는 것과 그렇지 않은 것이 있습니다.

① -ई로 끝나는 여성명사는 복수에서 -ई가 -इयाँ으로 변합니다.

*खिड़की(창문) → *खिड़कियाँ(창문들)
*लड़की(여자아이) → *लड़कियाँ(여자아이들)

☑ -इ/-इया도 모두 -इयाँ으로 변화합니다.

*मूर्ति(상(像)) → *मूर्तियाँ(상(像)들)
*चिड़िया(새) → *चिड़ियाँ(새들)

② -ई로 끝나지 않는 여성명사는 단수 형태에 -एँ을 첨가합니다. (단, -अ로 끝나는 경우 -अ를 -एँ으로 바꿉니다.)

*बहन(여자형제) → *बहनें(여자형제들)
*माला(목걸이; 화환) → *मालाएँ(목걸이들; 화환들)

3) 성 · 수에 따른 명사의 형태를 표로 보면 아래와 같습니다.

성 \ 수		단수	복수
남성	-आ로 끝나는 명사	लड़का (남자아이)	लड़के (남자아이들)
	-आ로 끝나지 않는 명사	भाई (남자형제)	भाई (남자형제들)
여성	-ई로 끝나는 명사	*लड़की (여자아이)	*लड़कियाँ (여자아이들)
	-ई로 끝나지 않는 명사	*बहन (여자형제)	*बहनें (여자형제들)

2 소유격 후치사 का

힌디어에는 우리말의 격조사 역할을 하는 격 후치사가 있습니다. 격 후치사는 단어 뒤에 와서 그 단어의 격을 만듭니다. 이 과에서는 소유격 후치사 का를 공부합니다.

1) 소유격 후치사 का는 일반적으로 소유, 혈연, 관계, 종속, 재료, 용도 등을 표현하는 데에 사용됩니다.

यह आप का नया मकान है । 이것이 당신의 새 집입니다.
आशा जी का एक बड़ा भाई है । 아샤 님께 오빠 한 명이 있습니다.
श्री चौहान के बहुत दोस्त हैं । 쪼우한 씨께 많은 친구들이 있습니다.
कमरे की चार दीवारें हैं । 방에 벽이 네 개 있습니다. [*दीवार 벽]
यह सोने की घड़ी है । 이것은 금시계입니다. [सोना 금, *घड़ी 시계]
वह सोने का कमरा है । 저것은 침실입니다.

2) 인칭대명사와 소유격 후치사 का의 결합 형태는 아래의 표와 같습니다.

인칭 \ 수	단수	복수
1인칭	मैं (나) + का = मेरा (나의)	हम (우리) + का = हमारा (우리의)
2인칭	तू (너) + का = तेरा (나의)	तुम (자네) + का = तुम्हारा (자네의)
		आप (당신) + का = आपका (당신의)
3인칭	वह (그(녀)) + का = उसका (그(녀)의)	वे (그들) + का = उनका (그들의)
	यह (이 남자(여자)) + का = इसका (이 남자(여자)의)	ये (이들) + का = इनका (이들의)

तुम्हारा नाम क्या है ? 자네의 이름이 무엇인가?

क्या यह आपका कमरा है ? 이것이 당신의 방입니까?

आपके कितने भाई और कितनी बहनें हैं ? 당신에게 몇 명의 형제자매가 있습니까?

मेरे दो भाई और दो बहनें हैं । 제게 남자형제 둘과 여자형제 둘이 있습니다.

उसकी पुस्तक कहाँ है ? 그(녀)의 책이 어디 있습니까?

उनका कॉलेज़ किधर है ? 그들의 대학은 어느 쪽입니까?

☑ 1·2인칭 대명사의 소유격 형태, मेरा, हमारा, तेरा, तुम्हारा를 잘 익혀둡시다. 또한 3인칭 대명사 소유격에서 후치사 का의 영향으로 वह/यह가 उस/इस로, वे/ये가 उन/इन로 격변화한 것도 기억해 두십시오. [9과 문법 2) 참조]

3) 소유격은 -आ로 끝나는 형용사와 같이 사용되고 변화합니다. 즉 뒤에 나온 명사를 한정할 수도 있고 서술적으로도 사용할 수 있는데 이 때 소유격 후치사 का는 한정하는 명사의 성과 수에 따라 또는 주어의 성과 수에 따라 남성 단수에서 का, 남성 복수에서 के, 여성 단·복수에서 की가 됩니다.

वह सीता-राम का चित्र है । 저것이 씨따와 람의 그림입니다.
वह ब्रह्मा, विष्णु और शिव की त्रिमूर्ति है ।
저것이 브라흐마, 비슈누 그리고 시바의 삼신일체상입니다.
वह चित्र सीता-राम का है । 저 그림이 씨따와 람의 것입니다.
वह त्रिमूर्ति है, ब्रह्मा, विष्णु और शिव की ।
저것이 삼신일체상입니다, 브라흐마, 비슈누 그리고 시바의.

듣기

हिन्दी वाक्यों को ध्यान से सुनिए ।
힌디어 문장을 주의 깊게 들으시오.

1. क्या यह आप का नया मकान है ?
   이것이 당신의 새 집이지요?
2. यह मेरा मकान नया है ।
   이 제 집은 새것입니다.
3. आप के मकान में कितने कमरे हैं ?
   당신의 집에 방이 몇 개 있습니까?
4. मेरे मकान में चार कमरे हैं ।
   저희 집에 방이 네 개 있습니다.

5 तीन कमरे बड़े हैं, और एक कमरा काफ़ी छोटा है ।

방 세 개는 크고 방 하나는 꽤 작습니다.

6 यहाँ कई मूर्तियाँ और चित्र हैं !

여기에 여러 신상들과 그림들이 있군요!

7 वह त्रिमूर्ति है, ब्रह्मा, विष्णु और शिव की ।

저것은 삼신일체상입니다, 브라흐마, 비슈누 그리고 시바의.

8 वह चित्र सीता-राम का है न ?

저 그림은 씨따와 람의 것이지요, 그렇지 않습니까?

9 उस चित्र पर एक फूलमाला है ।

저 그림에 화환이 한 개 있습니다.

10 त्रिमूर्ति पर तो तीन फूलमालाएँ हैं ।

삼신일체상에는 화환이 세 개 있습니다.

쓰기

कोष्ठक में दिये गये शब्दों से वाक्य बनाइए ।

괄호 안에 주어진 단어로 문장을 만드시오.

1 이것이 당신의 새 집이지요? (मकान, यह, क्या, नया, है, आप, का)

2 이 제 집은 새것입니다. (मेरा, नया, यह, है, मकान)

3 당신의 집에 방이 몇 개 있습니까? (कितने, आप, हैं, मकान, के, कमरे, में)

4 저희 집에 방이 네 개 있습니다. (चार, मकान, हैं, में, कमरे, मेरे)

5 방 세 개는 크고 방 하나는 꽤 작습니다.
(छोटा, तीन, एक, कमरे, और, कमरा, हैं, काफ़ी, है, बड़े)

6 여기에 여러 신상들과 그림들이 있군요! (चित्र, कई, यहाँ, हैं, मूर्तियाँ, और)

7 저것은 삼신일체상입니다, 브라흐마, 비슈누 그리고 시바의.
(त्रिमूर्ति, विष्णु, की, ब्रह्मा, वह, और, है, शिव)

8 저 그림은 씨따와 람의 것이지요, 그렇지 않습니까? (सीता-राम, है, वह, न, चित्र, का)

9 저 그림에 화환이 한 개 있습니다. (पर, फूलमाला, उस, है, एक, चित्र)

10 삼신일체상에는 화환이 세 개 있습니다. (फूलमालाएँ, तो, त्रिमूर्ति, तीन, पर, हैं)

연습

कोष्ठक में दिये गये शब्द के अनुरूप वाक्य बदलिए ।

괄호 안에 주어진 단어에 따라 문장을 바꾸시오.

1

क्या यह आप का नया मकान है ?

이것이 당신의 새 집입니까?

1 (कमरा)

이것이 당신의 새 방입니까?

2 (कमरे)

이것들이 당신의 새 방들입니까?

3 (*घड़ी)

이것이 당신의 새 시계입니까?

4 (*घड़ियाँ)

이것들이 당신의 새 시계들입니까?

2

यहाँ कई मूर्तियाँ और चित्र हैं ।

여기에 여러 신상들과 그림들이 있습니다.

1 (*मेज़, *कुर्सी)

여기에 여러 책상들과 의자들이 있습니다.

2 (सेब 사과, *नाशपाती 배)

여기에 여러 사과와 배들이 있습니다.

3 (दरवाज़ा 문, *खिड़की)

여기에 여러 문들과 창문들이 있습니다.

4 (लड़का, *लड़की)

여기에 여러 남자아이들과 여자아이들이 있습니다.

3

आप का यह मकान नया है ।

당신의 이 집은 새것입니다.

1 (तुम, मंदिर)

자네의 이 사원은 새것이네.

2 (हम, कमरे)

우리들의 이 방들은 새것입니다.

3 (तू, *पुस्तक)

네 이 책은 새것이다.

4 (वे, *फूलमालाएँ)

그들의 이 화환들은 새것입니다.

4

आप के मकान में कितने कमरे हैं ?

당신의 집에 방이 몇 개 있습니까?

1 (तुम, दरवाज़ा)

자네 집에 문이 몇 개 있는가?

2 (मैं, *खिड़की)

내 집에 창문이 몇 개 있습니까?

3 (तू, चित्र)

네 집에 그림이 몇 개 있는가?

4 (हम, *मेज़)

우리 집에 책상이 몇 개 있습니까?

5

वह चित्र सीता-राम का है ।

저 그림이 씨따와 람의 것입니다.

1 (वे चित्र, तुम)

저 그림들이 자네 것이네.

2 (ये कमरे, हम)

이 방들이 우리들의 것입니다.

3 (वह *मूर्ति, तू)

저 신상이 너의 것이다.

4 (वे *फूलमालाएँ, मैं)

저 화환들이 제 것입니다.

회화 테스트

हिन्दी में बोलिए ।

힌디어로 말하시오.

1. 이것이 당신의 새 집이지요?

2. 이 제 집은 새 것입니다.

3. 당신의 집에 방이 몇 개 있습니까?

4. 저희 집에 방이 네 개 있습니다.

5. 방 세 개는 크고 방 하나는 꽤 작습니다.

6. 여기에 여러 신상들과 그림들이 있군요!

7. 저것은 삼신일체상입니다, 브라흐마, 비슈누 그리고 시바의.

8. 저 그림은 씨따와 람의 것이지요, 그렇지 않습니까?

9. 저 그림에 화환이 한 개 있습니다.

10. 삼신일체상에는 화환이 세 개 있습니다.

※ 정답은 듣기 참조

단원 평가

ध्यान से सुनिए और ठीक उत्तर चुनिए ।

주의 깊게 듣고 옳은 답을 고르시오.

문제 1-2

किम:

चौहान :

1 चौहान जी का नया मकान कैसा है ?

① चौहान जी का नया मकान बहुत छोटा है ।
② चौहान जी का नया मकान छोटा नहीं है ।
③ चौहान जी का नया मकान बहुत बढ़िया है ।
④ चौहान जी का नया मकान बढ़िया नहीं है ।

2 चौहान जी के मकान में कितने कमरे हैं ?

① चौहान जी के मकान में एक कमरा है ।
② चौहान जी के मकान में दो कमरे हैं ।
③ चौहान जी के मकान में तीन कमरे हैं ।
④ चौहान जी के मकान में चार कमरे हैं ।

문제 3-5

चौहान :

किम:

चौहान :

किम:

3 चौहान जी के मंदिर में क्या नहीं है ?

① चौहान जी के मंदिर में मूर्तियाँ नहीं हैं ।
② चौहान जी के मंदिर में सीता-राम नहीं हैं ।
③ चौहान जी के मंदिर में फूलमालाएँ नहीं है ।
④ चौहान जी के मंदिर में (सीता-राम का) चित्र नहीं हैं ।

4 त्रिमूर्ति कौन-कौन-से देवताओं की है ? [कौन-सा 어떤 종류의]

① वह ब्रह्मा, विष्णु और राम की है ।

② वह ब्रह्मा, राम और शिव की है ।

③ वह राम, विष्णु और शिव की है ।

④ वह ब्रह्मा, विष्णु और शिव की है ।

5 त्रिमूर्ति पर क्या है ?

① त्रिमूर्ति पर तीन नये मकान हैं ।

② त्रिमूर्ति पर तीन बड़े कमरे हैं ।

③ त्रिमूर्ति पर तीन फूलमालाएँ हैं ।

④ त्रिमूर्ति पर तीन छोटी घड़ियाँ हैं ।

6과

मैं आजकल सितार सीखती हूँ ।

나는 요즘 씨따르를 배웁니다.

학습 목표

- 현재미완료시제
- 후치사 को, में, पर, तक, से, ने

어휘

अन्तर्राष्ट्रीय	국제적, 국제간 [अन्तर् 안의; 사이의 + राष्ट्र 국가, 나라 + -ईय ~의(접미사)]
अपना	자신의. 재귀대명사 आप(자신)의 소유격
इन्द्र विहार	인드라 비하르. 델리 북부에 위치한 델리대학교 인근 지역 [इन्द्र 베다 시대 신의 왕, 폭풍우의 신, विहार 산책; 놀이; 승원; 궁전]
इसलिए	그래서, 그러므로, 따라서
कठिन	어려운; 곤란한
*कार	차(車, car)
कॉलेज	대학; 단과대학
*क्लास	수업(class)
के बाद	~후에, ~다음에 (복합 후치사) [10과 문법 2. 참조]
गुड़गाँव	구르강우. 델리 남쪽에 위치한 하리야나주의 신도시로 현재 명칭은 गुरुग्राम.
घंटा	종; 종소리; 1시간, 60분
छात्रावास	기숙사 [छात्र 학생 + आवास 주거; 거주(지)]
तक	~까지; ~하는 한 (처소격 후치사)
पैदल	도보; 도보의; 걸어서
*बस	버스(bus)
बजाना	울리게 하다, 연주하다

*भीड़	군중, 무리, 사람들
मज़ेदार	재미난, 흥미로운; 맛있는
*मुश्किल	곤란, 어려움; 곤란한, 어려운
*मेट्रो	전철, 메트로(metro)
रहना	살다, 생활하다, 머무르다; 지속되다
लेकिन	그러나, 그렇지만, 하지만
वहाँ	거기/저기, 그곳/저곳; 거기에/저기에
सीखना	배우다, 학습하다, 습득하다
सीधे	곧장, 곧바로, 곧게
हर	매(每), 각(各)

• 요일

सोमवार	मंगलवार	बुधवार	बृहस्पतिवार, गुरुवार	शुक्रवार	शनिवार	रविवार, इतवार
월요일	화요일	수요일	목요일	금요일	토요일	일요일

• 숫자 41-50

इकतालीस	बयालीस	तैंतालीस	चौवालीस	पैंतालीस
41	42	43	44	45
छियालीस	सैंतालीस	अड़तालीस	उनचास	पचास
46	47	48	49	50

대화문

आलोक : नमस्ते बोमिन !

알록: 안녕 보민!

बोमिन : नमस्ते आलोक !

보민: 안녕 알록!

आलोक : यह बताओ, तुम आजकल कहाँ रहती हो ?

알록: 이걸 말해주렴, 너 요즘 어디에 사니?

बोमिन : मैं इन्द्र विहार में रहती हूँ ।

보민: 나는 인드라 비하르에 살아.

अन्तर्राष्ट्रीय छात्रावास में ।

국제 기숙사에.

आलोक : तुम कॉलेज कैसे आती हो ?

알록: 너는 대학에 어떻게 오니?

क्या तुम पैदल आती हो ?

너는 걸어서 오니?

बोमिन : नहीं, मैं बस से आती हूँ ।

보민: 아니, 나는 버스로 와.

इन्द्र विहार से कॉलेज थोड़ा दूर है ।

인드라 비하르에서 대학이 조금 멀어.

तुम गुड़गाँव में रहते हो न, तो क्या तुम मेट्रो से आते हो ?

너는 구르강우에 살지 않니, 그럼 너는 전철로 오니?

आलोक : नहीं, मैं मेट्रो से नहीं आता ।

알록: 아니, 나는 전철로 오지 않아.

बोमिन : मेट्रो से क्यों नहीं आते ?

보민: 전철로 왜 오지 않는데?

येलो लाइन वहाँ से यहाँ तक सीधे आती तो है !

노란 선이 거기에서 여기까지 곧장 오긴 하잖아!

आलोक : हाँ, लेकिन मेट्रो में बहुत भीड़ होती है ।

알록: 응, 그렇지만 전철에 대단한 인파가 있어.

इसलिए मैं अपनी कार से आता हूँ ।

그래서 나는 내 차로 와.

तुम क्लास के बाद क्या करती हो ?

너는 방과 후에 무엇을 하니?

बोमिन : मैं हर सोमवार और बृहस्पतिवार को क्लास के बाद एक घंटा सितार सीखती हूँ ।

보민: 나는 매 월요일과 목요일에는 방과 후 한 시간 씨따르를 배워.

आलोक : सितार बजाना बहुत मुश्किल है न ?

알록: 씨따르를 연주하는 것이 매우 어렵지, 그렇지 않니?

बोमिन : हाँ, कठिन तो है, लेकिन मज़ेदार है ।

보민: 응 어렵긴 해, 그렇지만 재미있단다.

※ 친구들 사이의 대화에서 사용되는 तुम은 '너'로 해석했습니다.

문법

1 현재미완료시제

1) 현재미완료시제는 [동사의 미완료형 + होना 동사의 현재형]으로 표현됩니다.

(1) 동사의 미완료형은 [동사어간 + 미완료 표지(-ता)]로 구성됩니다.

आता ('오다'의 미완료형) = आ (동사어간) + -ता (미완료 표지)

미완료 표지(-ता)는 성과 수에 따라 남성 단수에서 -ता, 남성 복수에서 -ते, 여성 단・복수에서 -ती가 됩니다.

(2) 미완료 표지는 동사 어간이 가리키는 동작이 미완료된 상태, 보편적인 사실, 습관적인 행위 등임을 나타냅니다.

(3) होना 동사의 현재형은 시제가 현재임을 나타냅니다.

2) 인칭, 성, 수에 따른 현재미완료 시제를 표로 보면 아래와 같습니다.

인칭 \ 수 / 성	단수	복수
	남성/*여성	남성/*여성
1인칭	मैं आता/*आती हूँ	हम आते/*आती हैं
2인칭	तू आता/*आती है	तुम आते/*आती हो
		आप आते/*आती हैं
3인칭	वह आता/*आती है	वे आते/*आती हैं
	यह आता/*आती है	ये आते/*आती हैं

तुम आजकल कहाँ रहते/*रहती हो ? 자네가 요즘 어디에 사는가?
मैं इन्द्र विहार में रहता/*रहती हूँ । 나는 인드라 비하르에 삽니다.
क्या तुम मेट्रो से आते/*आती हो ? 자네는 전철로 오는가?
मैं पैदल आता/*आती हूँ । 나는 걸어서 옵니다.

☑ 이 시제는 일상을 표현하는 데에 광범위하게 사용되는 매우 유용한 시제입니다.

3) 현재미완료시제의 부정문에서 시제표지 होना 동사가 생략됩니다.

मैं मेट्रो से नहीं आता/*आती । 나는 전철로 오지 않습니다.
आप मेट्रो से क्यों नहीं आते/*आतीं ? 당신은 전철로 왜 오시지 않습니까?

☑ 주어가 여성 복수일 경우 होना 동사가 생략되면 단·복수가 구별되지 않기 때문에 동사의 여성 미완료형(-ती)에 비모음으로 복수 표시를 해줍니다(-तीं).

2 후치사 को, में, पर, तक, से, ने

5과에서 살펴본 소유격 후치사 का 외의 주요 후치사를 공부합니다.

1) को(~을/를, ~에게) 목적격 후치사, 여격 후치사

동작의 대상을 표시하는 목적격 또는 여격 후치사입니다.

पहले आदमी को देखो, उसके बाद उसका काम । [आदमी 사람, काम 일]
먼저 사람을 보아라, 그 다음에 그의 일을 (보아라). (목적격)
आलोक को यह किताब दीजिए । 알록에게 이 책을 주십시오. (여격) [*किताब 책]

2) में(~에, ~안에) 처소격 후치사 (영어의 in)

पर(~에, ~위에) 처소격 후치사 (영어의 on)

तक(~까지, ~하는 한) 처소격 후치사

공간 또는 시간의 범위를 나타내는 처소격 후치사입니다.

मैं दिल्ली में रहता/*रहती हूँ । 내가 델리에 삽니다.
वह अन्तर्राष्ट्रीय छात्रावास में रहता/*रहती है । 그(녀)가 국제 기숙사에 삽니다.

मेज़ पर कुछ किताबें हैं । 책상 위에 책 몇 권이 있습니다.
आप फिर खाने पर आइएगा । 당신이 또 식사에 오십시오.

वह अब तक नहीं उठा/*उठी । 그(녀)가 아직까지 일어나지 않았습니다.
येलो लाइन वहाँ से यहाँ तक सीधे आती है । 노란 선이 거기에서 여기까지 곧장 옵니다.

3) से(~(으)로; ~부터, ~에서부터) 도구격 후치사, 탈격 후치사

(1) से가 도구격 후치사로 사용되어 수단, 방법, 재료, 원인, 태도 등을 나타냅니다.

क्या तुम मेट्रो से आते/*आती हैं ? 자네는 전철로 오는가?
माता जी दूध से दही बनाती हैं । 어머니는 우유로 커드를 만드십니다. [दूध 우유, दही 커드]
हुसैन साहब अपने काम से व्यस्त हैं । 후세인 선생님은 자신의 일로 바쁘십니다.
आप आराम से आइए । 당신이 편안하게 오십시오. [आराम 평안; 휴식; 기쁨]

(2) से가 탈격 후치사로 사용되어 장소 또는 시간으로부터의 이탈을 나타냅니다.

मैं एक हफ़्ते से दिल्ली में हूँ । 나는 일주일 전부터 델리에 있습니다.
यहाँ से बैंक कितना दुर है ? 여기에서 은행이 얼마나 멉니까?

4) ने(~이/가) 행위격 후치사

타동사의 완료형이 술부의 동사로 올 때 사용되는 우리말의 주격조사와 같은 후치사입니다.
[8과 문법 1. 참조]

मैंने सितार सीखा । 내가 씨따르를 배웠습니다.
मोहन ने घंटी बजायी । 모한이 초인종을 눌렀습니다. [*घंटी (작은) 종, 초인종]

듣기

हिन्दी वाक्यों को ध्यान से सुनिए ।

힌디어 문장을 주의 깊게 들으시오.

1. यह बताओ, तुम आजकल कहाँ रहती हो ?

   이걸 말해주렴, 너 요즘 어디에 사니?

2. मैं आजकल इन्द्र विहार में रहती हूँ ।

   나는 요즘 인드라 비하르에 살아.

3. क्या तुम कॉलेज पैदल आती हो ?

   너는 대학에 걸어서 오니?

4. इन्द्र विहार से कॉलेज थोड़ा दूर है ।

   인드라 비하르에서 대학이 조금 멀어.

5. क्या तुम कॉलेज मेट्रो से आते हो ?

   너는 대학에 전철로 오니?

6. नहीं, मैं कॉलेज मेट्रो से नहीं आता ।

   아니, 나는 대학에 전철로 오지 않아.

7. मेट्रो में बहुत भीड़ होती है ।

   전철에 대단한 인파가 있어.

8. इसलिए मैं अपनी कार से आता हूँ ।

   그래서 나는 내 차로 와.

9. तुम क्लास के बाद क्या करती हो ?

   너는 방과 후 무엇을 하니?

10. सितार बजाना बहुत मुश्किल है न ?

    씨따르를 연주하는 것이 매우 어렵지, 그렇지 않니?

쓰기

कोष्ठक में दिये गये शब्दों से वाक्य बनाइए ।

괄호 안에 주어진 단어로 문장을 만드시오.

1. 이걸 말해주렴, 너(여성) 요즘 어디에 사니? (रहती, आजकल, बताओ, कहाँ, यह, हो, तुम)

2. 나는(여성) 요즘 인드라 비하르에 살아. (हूँ, में, मैं, रहती, इन्द्र विहार, आजकल)

3. 너는(여성) 대학에 걸어서 오니? (आती, क्या, हो, तुम, कॉलेज, पैदल)

4. 인드라 비하르에서 대학이 조금 멀어. (दूर, कॉलेज, थोड़ा, है, से, इन्द्र विहार)

5. 너는(남성) 대학에 전철로 오니? (से, कॉलेज, मेट्रो, हो, तुम, क्या, आते)

6. 아니, 나는(남성) 대학에 전철로 오지 않아. (आता, मेट्रो, नहीं, नहीं, से, मैं, कॉलेज)

7. 전철에 대단한 인파가 있어. (भीड़, में, है, बहुत, होती, मेट्रो)

8. 그래서 나는(남성) 내 차로 와. (आता, इसलिए, मैं, से, हूँ, कार, अपनी)

9. 너는(여성) 방과 후 무엇을 하니? (करती, क्लास, तुम, बाद, हो, के, क्या)

10. 씨따르를 연주하는 것이 매우 어렵지, 그렇지 않니? (बहुत, न, सितार, मुश्किल, बजाना, है)

연습

कोष्ठक में दिये गये शब्द के अनुरूप वाक्य बदलिए ।

괄호 안에 주어진 단어에 따라 문장을 바꾸시오.

1

तुम आजकल कहाँ रहती हो ?

자네(여성) 요즘 어디에 사는가?

1. (वह(여성), क्या करना)

   그녀가 요즘 무엇을 합니까?

2. (हम(남성), क्यों पढ़ना)

   우리가(남성) 요즘 왜 공부를 합니까?

3. (तू(여성), कैसे आना)

   너(여성) 요즘 어떻게 오니?

4. (वे(남성), कब सोना 자다)

   그분이(남성) 요즘 언제 주무시나요?

2

मैं दक्षिण कोरिया में रहता हूँ ।

나는(남성) 한국에 삽니다.

1 (वह(남성), क्या करना)

그가(남성) 한국에서 무엇을 합니까?

2 (तुम(남성), नया मकान क्यों देखना)

자네는(남성) 한국에서 새 집을 왜 보는가?

3 (हम(여성), *कोरियायी 한국어 सीखना)

우리는(여성) 한국에서 한국어를 배웁니다.

4 (वे(여성), कहाँ पढ़ना)

그분은(여성) 한국에서 어디에서 공부하십니까?

3

मैं वहाँ नहीं जाती ।

나는(여성) 거기 가지 않습니다.

1 (वह(남성), रहना)

그는(남성) 거기 살지 않습니다.

2 (आप(여성), काम करना)

당신은(여성) 거기서 일하시지 않습니다.

3 (तुम(남성), पढ़ना)

자네는(남성) 거기서 공부하지 않네.

4 (वे(여성), खाना खाना)

그분은(여성) 거기서 음식을 드시지 않습니다.

4

क्या आप बस से जाते हैं ?

당신은(남성) 버스로 가십니까?

1 (तुम(남성), कॉलेज में पढ़ना)

자네는(남성) 대학에서 공부하는가?

2 (वे लोग, आदमी को देखना)

그들은 사람을 봅니까?*

3 (कुछ विद्यार्थी, *क़लम 펜 से लिखना)

몇 학생들이 펜으로 씁니까?

4 (तू(여성), कमरे में सोना)

너는(여성) 방에서 자니?

5

मैं सितार सीखती हूँ ।

나는(여성) 씨따르를 배웁니다.

1 (तुम(여성), *हिन्दी 힌디어 में बोलना 말하다)

자네는(여성) 힌디어로 말합니다.

2 (हम लोग, शहर 도시 में रहना)

우리들은 도시에 삽니다.

3 (मैं(남성), आलोक को देना)

나는 알록에게 줍니다.

4 (तू(남성), *मेट्रो से आना-जाना)

너는(남성) 전철로 오간다.

회화 테스트

हिन्दी में बोलिए ।

힌디어로 말하시오.

1. 이걸 말해주렴, 너(여성) 요즘 어디에 사니?

2. 나는(여성) 요즘 인드라 비하르에 살아.

3. 너는(여성) 대학에 걸어서 오니?

4. 인드라 비하르에서 대학이 조금 멀어.

5. 너는(남성) 대학에 전철로 오니?

6. 아니, 나는(남성) 대학에 전철로 오지 않아.

7. 전철에 대단한 인파가 있어.

8. 그래서 나는(남성) 내 차로 와.

9. 너는(여성) 방과 후 무엇을 하니?

10. 씨따르를 연주하는 것이 매우 어렵지, 그렇지 않니?

※ 정답은 듣기 참조

단원 평가

ध्यान से सुनिए और ठीक उत्तर चुनिए ।

주의 깊게 듣고 옳은 답을 고르시오.

문제 1-2

आलोक :

बोमिन :

आलोक :

बोमिन :

1 बोमिन आजकल कहाँ रहती है ?

① बोमिन आजकल बस में रहती है ।

② बोमिन आजकल विहार में रहती है ।

③ बोमिन आजकल कॉलेज में रहती है ।

④ बोमिन आजकल अन्तर्राष्ट्रीय छात्रावास में रहती है ।

2 बोमिन कॉलेज बस से क्यों आती है ?

① क्योंकि बोमिन अन्तर्राष्ट्रीय छात्रावास में रहती है ।

② क्योंकि बोमिन कॉलेज में पढ़ती है ।

③ क्योंकि अन्तर्राष्ट्रीय छात्रावास से कॉलेज थोड़ा दूर है ।

④ क्योंकि अन्तर्राष्ट्रीय छात्रावास कॉलेज के पास है ।

문제 3-4

बोमिन :

आलोक :

बोमिन :

आलोक :

3 आलोक कॉलेज कैसे आता है ?

① आलोक कॉलेज बस से आता है ।

② आलोक कॉलेज मेट्रो से आता है ।

③ आलोक कॉलेज अपनी कार से आता है ।

④ आलोक कॉलेज पैदल आता है ।

4 आलोक कॉलेज मेट्रो से क्यों नहीं आता ?

① क्योंकि कॉलेज तक सीधी लाइन नहीं है ।
② क्योंकि मेट्रो में बहुत भीड़ होती है ।
③ क्योंकि आलोक गुड़गाँव में रहता है ।
④ क्योंकि आलोक कॉलेज में पढ़ता है ।

문제 5

आलोक :

बोमिन :

आलोक :

बोमिन :

5 बोमिन क्लास के बाद क्या सीखती है ?

① बोमिन क्लास के बाद सितार बजाना सीखती है ।
② बोमिन क्लास के बाद शहर में रहना सीखती है ।
③ बोमिन क्लास के बाद मेट्रो से आना-जाना सीखती है ।
④ बोमिन क्लास के बाद सीतार बनाना सीखती है ।

7과

अभी कितने बजे हैं ?

지금 몇 시입니까?

학습 목표

- 동사의 완료형

어휘

अंकल	아저씨
अभी	바로 지금, 방금; 지금도
इतना	이만큼
उठना	일어서다; 일어나다
कि	종속절을 이끄는 보문표지; 또는; (행위의 동시성을 나타내는) 그 때
छोड़ना	풀어주다, 놓아주다; 그만두다, 버리다; 제외하다
जल्दी	빨리; 일찍; 쉽게
तुरन्त	즉시, 즉각, 곧장
*देर	지연, 지체; 시간; 늦은
निकलना	나가다; 떠나다; 배출하다; 발원하다
पिता	아버지
पौने	- 1/4
बजे	~시(時); ~시(時)에, **बजना**(울리다; 연주되다) 동사의 완료형
*माँ	엄마
*रात	밤
रोज़	날; 낮; 날마다, 매일

*लड़की	여자아이; 딸; 여학생
*शादी	결혼; 결혼식
शोर	소음, 소란
समझना	이해하다; 알다; 생각하다
सवा	+ 1/4
साढ़े	+ 1/2
*सुबह	아침; 오전; 아침에
सोना	자다; 금(金)

• 숫자 51-60

इक्यावन	बावन	तिरपन	चौवन	पचपन
51	52	53	54	55
छप्पन	सत्तावन	अट्ठावन	उनसठ	साठ
56	57	58	59	60

대화문

चौहान : दीप्ति, तू उठी कि नहीं ?

쪼우한: 딥띠야, 너 일어났어 또는 일어나지 않았어?

यह लड़की रोज़ सुबह देर से उठती है ।

이 딸애는 매일 아침 늦게 일어나는군.

दीप्ति, ओ दीप्ति !

딥띠야, 야 딥띠야!

उठ उठ, जल्दी उठ !

일어나 일어나, 빨리 일어나!

दीप्ति : मैं उठी हूँ, पिता जी !

딥띠: 저 일어났어요, 아버지!

अभी कितने बजे हैं ?

지금 몇 시예요?

चौहान : अब सात बजे हैं ।

쪼우한: 지금 7시야.

तू समझती नहीं, तेरी स्कूल बस ठीक साढ़े सात बजे आती है ।

너는 알지 못해, 네 학교 버스가 정확하게 7시 반에 온다는 것을.

जल्दी उठ, तैयार हो !

빨리 일어나, 준비해라!

दीप्ति : उठी हूँ ।

딥띠: 일어났어요.

मैं कल रात को सवा बारह बजे सोयी थी ।

제가 어젯밤에 12시 15분에 잤어요.

चौहान : तू इतनी देर से क्यों सोयी थी ?

쪼우한: 너는 이렇게 늦게 왜 잤니?

दीप्ति : कल गुप्ता अंकल के यहाँ शादी थी न; बहुत शोर था !

딥띠: 어제 굽따 아저씨 댁에 결혼식이 있었잖아요, 대단한 소음이 있었어요!

चौहान : ठीक है ।

쪼우한: 그래(맞다).

तुरन्त तैयार हो जा !

즉시 준비해라!

ओ दीप्ति, तेरी स्कूल बस आ गई है ।

야, 딥띠야, 네 학교 버스가 왔어.

जल्दी कर !

서둘러라!

अरे, बस तो निकल गई !

아이고, 버스는 떠나버렸다!

दीपा : आलोक, तुम दीप्ति को स्कूल पर छोड़ देना ।

디빠: 알록, 네가 딥띠를 학교에 떨구어 주어라.

आलोक : ठीक है, माँ !

알록: 그래요(맞아요), 엄마!

दीप्ति, पौने आठ बजे हैं ।

딥띠, 8시 15분 전이야.

चलो, जल्दी चलो !

가자, 빨리 가자!

문법

1 동사의 완료형

1) 동사의 완료형은 [동사어간 + 완료 표지(-आ)]로 구성됩니다.

(1) 완료 표지(-आ)는 성과 수에 따라 남성 단수에서 -आ, 남성 복수에서 -ए, 여성 단·복수에서 -ई가 됩니다.

(2) 완료 표지(-आ)는 동사어간이 가리키는 과거로부터 지속된 동작이나 상태가 완료되었음을 나타냅니다.

2) 성·수에 따른 완료형을 표로 보면 아래와 같습니다.

उठना(일어나다)

<table>
<tr><th rowspan="2">수 / 성 / 인칭</th><th colspan="2">단수</th><th colspan="2">복수</th></tr>
<tr><th colspan="2">남성/*여성</th><th colspan="2">남성/*여성</th></tr>
<tr><td>1인칭</td><td>मैं</td><td rowspan="5">उठा/*उठी</td><td>हम</td><td rowspan="5">उठे/*उठी(उठीं)</td></tr>
<tr><td rowspan="2">2인칭</td><td rowspan="2">तू</td><td>तुम</td></tr>
<tr><td>आप</td></tr>
<tr><td rowspan="2">3인칭</td><td>वह</td><td>वे</td></tr>
<tr><td>यह</td><td>ये</td></tr>
</table>

☑ 문법 4)의 (1)에서 살펴볼 단순완료시제의 여성복수 완료형에는 비모음이 첨가됩니다 (उठीं).

☑ 동사의 완료형에서 어간의 종성으로 -आ, -ए, -ई, -ओ 등이 올 때 완료표지 앞에 य्를 첨가합니다.

ई साहब आये(= आए) । 이 선생님이 오셨습니다.
अरे, बस तो निकल गयी(= गई) ! 아이고, 버스는 떠나버렸다!

3) 완료형에서 불규칙하게 변하는 동사들을 표로 보면 아래와 같습니다.

수 \ 성 \ 동사		करना (하다)	लेना (받다)	देना (주다)	जाना (가다)
단수	남성/*여성	किया/*की	लिया/*ली	दिया/*दी	गया/*गयी
복수	남성/*여성	किये/*की(कीं)	लिये/*ली(लीं)	दिये/*दी(दीं)	गये/*गयी(गयीं)

4) 동사의 완료형을 사용하는 시제에는 3가지(단순완료, 현재완료, 과거완료)가 있습니다.

(1) 단순완료시제는 [동사의 완료형]으로 표현하며, 과거에 일어난 일회성 행위를 나타냅니다.

मैं कल देर से सोया/*सोयी(= सोई) । 내가 어제 늦게 잤습니다.
दीप्ति, क्या तू उठी कि नहीं ? 딥띠야, 너 일어났어 또는 일어나지 않았어?
ई साहब आज सवेरे जल्दी उठे । 이 선생님이 오늘 아침 일찍 일어나셨습니다.

[सवेरे 아침에]

आप क्यों नहीं आये(= आए)/*आयीं(= आईं) ? 당신이 왜 오지 않으셨습니까?

☑ 단순과거시제에는 단·복수를 알 수 있는 होना 동사가 오지 않기 때문에 여성복수의 경우 동사의 완료형(-ई)에 비모음으로 복수 표시를 해줍니다(-ईं).

(2) 현재완료시제와 과거완료시제는 [동사의 완료형 + होना 동사]로 표현됩니다. 완료시점의 시제를 나타내는 होना 동사의 현재형이 오면 현재완료, होना 동사의 과거형이 오면 과거완료입니다.

(3) 현재완료시제는 [동사의 완료형 + होना 동사의 현재형]이 옵니다.

인칭·성·수에 따른 현재완료시제를 표로 보면 아래와 같습니다.

उठना(일어나다)

인칭 \ 성 \ 수	단수		복수	
	남성/*여성		남성/*여성	
1인칭	मैं	उठा/*उठी हूँ	हम	उठे/*उठी हैं
2인칭	तू	उठा/*उठी है	तुम	उठे/*उठी हो
			आप	उठे/*उठी हैं
3인칭	वह	उठा/*उठी है	वे	उठे/*उठी हैं
	यह		ये	

मैं उठा/*उठी हूँ ㅣ내가 일어났습니다.
ई साहब अभी उठे हैं ㅣ이 선생님이 지금 일어나셨습니다.
मेरा बेटा अभी स्कूल गया है ㅣ내 아들이 지금 학교에 갔습니다.
मेरी बेटी अभी स्कूल गयी(= गई) है ㅣ내 딸이 지금 학교에 갔습니다.

☑ बजना(울리다, 연주되다) 동사의 현재완료시제를 써서 현재 시각의 시(時)를 표현합니다.

कितने बजे हैं ? 몇 시입니까?
एक बजा है । 1시입니다.
सात बजे हैं । 7시입니다.

(4) 과거완료시제는 [동사의 완료형 + होना 동사의 과거형]이 옵니다.

인칭·성·수에 따른 과거완료시제를 표로 보면 아래와 같습니다.

उठना(일어나다)

인칭 \ 성 \ 수	단수		복수	
	남성/*여성		남성/*여성	
1인칭	मैं	उठा था/*उठी थी	हम	उठे थे/*उठी थीं
2인칭	तू		तुम	
			आप	
3인칭	वह		वे	
	यह		ये	

☑ 시제표지로 사용되는 होना 동사의 과거형은 남성단수 था, 여성단수 थी, 남성복수 थे, 여성복수 थींइ입니다.

मैं कल रात को देर से सोया था/*सोयी(= सोई) थी । 제가 어젯밤에 늦게 잤습니다.
क्या आप कल सुबह देर से उठे थे/*उठी थीं ? 당신이 어제 아침에 늦게 일어나셨습니까?

듣기

हिन्दी वाक्यों को ध्यान से सुनिए ।

힌디어 문장을 주의 깊게 들으시오.

1 तू उठी कि नहीं ?

너 일어났어 또는 일어나지 않았어?

2 यह लड़की रोज़ सुबह देर से उठती है ।

이 딸애는 매일 아침 늦게 일어나는군.

3 अभी कितने बजे हैं ?

지금 몇 시예요?

4 अब सात बजे हैं ।

지금 7시야.

5 तेरी स्कूल बस ठीक साढ़े सात बजे आती है ।

네 학교 버스가 정확하게 7시 반에 온다.

6 मैं कल रात को सवा बारह बजे सोयी थी ।

제가 어젯밤에 12시 15분에 잤어요.

7 तुरन्त तैयार हो जा !

즉시 준비해라!

8 तेरी स्कूल बस आ गई है ।

네 학교 버스가 왔어.

9 अरे, बस तो निकल गई !

아이고, 버스는 떠나버렸다!

10 पौने आठ बजे हैं ।

8시 15분 전이야.

쓰기

कोष्ठक में दिये गये शब्दों से वाक्य बनाइए ।

괄호 안에 주어진 단어로 문장을 만드시오.

1 너(여성) 일어났어 또는 일어나지 않았어? (नहीं, तू, कि, उठी)

2 이 딸애는 매일 아침 늦게 일어나는군. (सुबह, से, है, यह, लड़की, देर, रोज़, उठती)

3 지금 몇 시예요? (बजे, कितने, हैं, अभी)

4 지금 7시야. (सात, अब, हैं, बजे)

5 네 학교 버스가 정확하게 7시 반에 온다. (बस, सात, तेरी, आती, स्कूल, साढ़े, है, बजे, ठीक)

6 제가(여성) 어젯밤에 12시 15분에 잤어요. (रात, बारह, मैं, कल, सोयी, सवा, थी, बजे, को)

7 즉시 준비해라! (तैयार, जा, तुरन्त, हो)

8 네 학교 버스가 왔어. (आ, बस, तेरी, गई, स्कूल, है)

9 아이고, 버스는 떠나버렸다! (गई, अरे, तो, बस, निकल)

10 8시 15분 전이야. (बजे, पौने, अब, हैं, आठ)

연습

कोष्ठक में दिये गये शब्द के अनुरूप वाक्य बदलिए ।

괄호 안에 주어진 단어에 따라 문장을 바꾸시오.

1

क्या तू आज जल्दी उठा ?

네가(남성) 오늘 일찍 일어났니?

1. (तुम(남성), जाना)

   자네가(남성) 오늘 일찍 갔는가?

2. (वह(여성), आना)

   그녀가 오늘 일찍 왔습니까?

3. (वे(여성), सोना)

   그분이(여성) 오늘 일찍 주무셨습니까?

4. (आप(여성), निकलना)

   당신이(여성) 오늘 일찍 나가셨습니까?

2

मैं अभी उठी हूँ ।

내가(여성) 지금 일어났습니다.

1 (तू(남성), आना)

네가(남성) 지금 왔다.

2 (हम(여성), निकलना)

우리가(여성) 지금 나갔습니다.

3 (वह(여성), जाना)

그녀가(여성) 지금 갔습니다.

4 (तुम(남성), बैठना)

자네가(남성) 지금 앉았네.

3

अभी कितने बजे हैं ?

지금 몇 시입니까?

1 (एक)

지금 1시입니다.

2 (साढ़े सात)

지금 7시 반입니다.

3 (सवा बारह)

지금 12시 15분입니다.

4 (पौने आठ)

지금 8시 15분 전입니다.

4

मैं कल रात को देर से सोयी थी ।

내가(여성) 어젯밤 늦게 잤습니다.

1 (तू(남성), आना)

네가(남성) 어젯밤 늦게 왔다.

2 (वह *लड़की, निकलना)

그 여자아이가 어젯밤 늦게 나갔습니다.

3 (मेरे पिता जी, जाना)

나의 아버지가 어젯밤 늦게 가셨습니다.

4 (मेरी *माता जी, *चाय 인도식 밀크티 लाना)

나의 어머니가 어젯밤 늦게 인도식 밀크티를 가져오셨습니다.

5

तेरी स्कूल बस आ गई है ।

네 학교 버스가 왔다.

1 (*सहेली 친구(여자), निकल जाना)

네 친구(여자)가 떠나버렸다.

2 (खाना, तैयार हो जाना)

너의 음식이 준비되었다.

3 (काम, बन जाना 되다)

너의 일이 되었다.

4 (*तबीयत 건강(상태), अच्छा हो जाना)

너의 건강이 좋아졌다.

회화 테스트

हिन्दी में बोलिए ।

힌디어로 말하시오.

1. 너(여성) 일어났어 또는 일어나지 않았어?

2. 이 딸애는 매일 아침 늦게 일어나는군.

3. 지금 몇 시예요?

4. 지금 7시야.

5. 네 학교 버스가 정확하게 7시 반에 온다.

6. 제가(여성) 어젯밤에 12시 15분에 잤어요.

7. 즉시 준비해라!

8. 네 학교 버스가 왔어.

9. 아이고, 버스는 떠나버렸다!

10. 8시 15분 전이야.

※ 정답은 듣기 참조

단원 평가

ध्यान से सुनिए और ठीक उत्तर चुनिए ।

주의 깊게 듣고 옳은 답을 고르시오.

문제 1

चौहान :

दीप्ति :

चौहान :

1 दीप्ति कितने बजे उठी है ?

① दीप्ति सात बजे उठी है ।

② दीप्ति साढ़े सात बजे उठी है ।

③ दीप्ति सवा सात बजे उठी है ।

④ दीप्ति पौने सात बजे उठी है ।

문제 2-3

दीप्ति :

चौहान :

दीप्ति :

चौहान :

2 दीप्ति कल रात को क्यों देर से सोयी थी ?

① क्योंकि कल रात को चौहान जी के यहाँ शादी थी ।

② क्योंकि कल रात को दीप्ति उठी थी ।

③ क्योंकि कल रात को दीप्ति की स्कूल बस आयी थी ।

④ क्योंकि कल रात को बहुत शोर था ।

3 कल रात को कहाँ शादी थी ?

① कल रात को दीप्ति के यहाँ शादी थी ।

② कल रात को चौहान जी के यहाँ शादी थी ।

③ कल रात को गुप्ता जी के यहाँ शादी थी ।

④ कल रात को पिता जी के यहाँ शादी थी ।

문제 4-5

चौहान :

दीपा :

आलोक :

4 दीप्ति की स्कूल बस कब आयी है ?

① दीप्ति की स्कूल बस पौने आठ बजे आयी है ।
② दीप्ति की स्कूल बस साढ़े सात बजे आयी है ।
③ दीप्ति की स्कूल बस सवा सात बजे आयी है ।
④ दीप्ति की स्कूल बस सात बजे आयी है ।

5 दीप्ति को स्कूल पर कौन छोड़ देगा ?

① भाई आलोक दीप्ति को स्कूल पर छोड़ देगा ।
② पिता जी दीप्ति को स्कूल पर छोड़ देंगे ।
③ गुप्ता अंकल दीप्ति को स्कूल पर छोड़ देंगे ।
④ माता जी दीप्ति को स्कूल पर छोड़ देंगी ।

8과

आपने दिल्ली में क्या-क्या देखा है ?

당신은 델리에서 무엇을 보셨습니까?

학습 목표

- 타동사의 완료형
- चुकना 동사

어휘

अवश्य	반드시, 꼭, 분명히
आदि	등, 따위; 시작, 개시, 처음; 초기의, 이른; 최초의
आर. के. नारायण	R. K. 나라얀(R. K. Narayan, 1906-2001). 인도 영어 작가.
कहानी-संग्रह	단편집 [*कहानी 이야기, 단편소설, संग्रह 모음, 수집; 획득; 수장품]
क़ुतुब *मीनार	꾸뜹 첨탑. 델리 소재 인도 이슬람 문화유적지로 유네스코 등재 세계 문화유산
के बाद	~의 다음에, 후에 (복합 후치사)
ख़रीदना	사다, 구매하다
घूमना	돌다; 돌아다니다; 순회하다; 산책하다; 배회하다
चुकना	끝나다, 종료되다; 완제되다
छोले भटूरे	촐레 바뚜레(병아리콩 커리와 튀긴 빵)
पढ़ना	읽다, 공부하다, 배우다
पहले	먼저, 처음으로; 이전에
बंगाली मार्केट	벵갈리 마켓(Bengali Market). 델리 중심부에 위치한 상권
*मिठाई	인도식 당과(糖菓)
राजघाट	라지가트(라즈가뜨). M. 간디(Mahatma Gandhi, 1869-1948)를 화장했던 추모장소(Royal Ghat)
लाल क़िला	붉은 성. 델리 소재 무갈시대 유적지로 유네스코 등재 세계 문화유산

शुभ	길한, 귀한; 빛나는; 좋은
सप्ताह	주(週), 일주일
सी.पी.	C. P., 코넛 플레이스(Connaught Place). 영국 식민 통치 시절 건설된 뉴델리의 상업 중심지.

• 숫자 61-70

इकसठ	बासठ	तिरसठ	चौंसठ	पैंसठ
61	62	63	64	65
छियासठ	सड़सठ	अड़सठ	उनहत्तर	सत्तर
66	67	68	69	70

대화문

ट्रेन में

기차에서

मोहन : माफ़ कीजिए ।

모한: 실례합니다.

आप कहाँ से आई हैं ?

당신은 어디에서 오셨습니까?

सुजिन : मैं दक्षिण कोरिया से आई हूँ ।

수진: 저는 한국에서 왔습니다.

मोहन : आप का शुभ नाम (क्या है) ?

모한: 당신의 성함이 (무엇입니까)?

सुजिन : मेरा नाम बैसुजिन है ।

수진: 제 이름은 배수진입니다.

मोहन : मैं मोहन हूँ ।

모한: 저는 모한입니다.

आप भारत कब आईं ?

당신은 인도에 언제 오셨습니까?

सुजिन : मैं दो सप्ताह पहले आई, घूमने ।

수진: 저는 2주 전에 왔습니다, 관광하려요.

मोहन : क्या आप दिल्ली घूमी हैं ?

모한: 당신은 델리를 관광하셨습니까?

सुजिन : जी, मैं दिल्ली घूम चुकी हूँ ।

수진: 네, 저는 델리를 (이미) 관광했습니다.

मोहन : आपने दिल्ली में क्या-क्या देखा है ?

모한: 당신은 델리에서 무엇무엇을 보셨습니까?

सुजिन : मैंने राजघाट, लाल क़िला, क़ुतुब मीनार, सी.पी., बंगाली मार्केट आदि देखा ।

수진: 저는 라즈가뜨, 붉은 성, 꾸뚭 첨탑, C.P., 벵갈리 마켓 등을 보았습니다.

मोहन : क्या आपने बंगाली मार्केट में मिठाई खाई ?

모한: 당신은 벵갈리 마켓에서 당과를 드셨습니까?

सुजिन : मैंने पहले छोले भटूरे खाए, उसके बाद मिठाई खाई ।

수진: 저는 먼저 촐레 바뚜레(병아리콩 커리와 튀긴 빵)를 먹었습니다, 그 다음에 당과를 먹었습니다.

मोहन : आपने दिल्ली में क्या ख़रीदा ?

모한: 당신은 델리에서 무엇을 구매하셨습니까?

सुजिन : मैंने सी.पी. में आर. के. नारायण का कहानी-संग्रह *मालगुडी डेज* लिया ।

수진: 저는 C.P.에서 R. K. 나라얀의 단편집 『말구디 시절』을 구매했습니다.

मोहन : क्या आपने *मालगुडी डेज* पढ़ा है ?

모한: 당신은 『말구디 시절』을 읽으셨습니까?

सुजिन : जी नहीं, मैंने अभी तक नहीं पढ़ा ।

수진: 아니요, 저는 아직까지 읽지 않았습니다.

मोहन : मैं पढ़ चुका हूँ ।

모한: 저는 (이미) 읽었습니다.

आप अवश्य पढ़िएगा ।

당신께서 꼭 읽으십시오.

문법

1 타동사의 완료형

1) 타동사의 완료형이 술부의 동사로 올 때 주어에 행위격 후치사 ने가 붙습니다.

[6과 문법 2. 4) 참조]

आपने दिल्ली में क्या-क्या देखा है ? 당신은 델리에서 무엇무엇을 보셨습니까?

2) 이때 동사는 목적어의 성·수에 일치합니다.

मैंने खाना खाया । 나는 음식을 먹었다.

तुमने दो पत्र लिखे । 자네는 편지 두 통을 썼네. [पत्र 편지, लिखना 쓰다]

उन्होंने मिठाई खायी(= खाई) । 그분이 당과를 드셨습니다.

उसने बारह चूड़ियाँ ख़रीदीं । 그(녀)가 팔찌 열두 개를 샀습니다. [*चूड़ी 팔찌]

3) 목적어에 후치사 को가 오면 동사는 비인칭(3인칭 남성단수) 형태를 취합니다.

मैंने उस चिट्ठी को पढ़ा । 내가 그 편지를 읽었습니다. [*चिट्ठी 편지]

हमने बाज़ार में उन लोगों को देखा । [बाज़ार 시장]

우리가 시장에서 그 사람들을 보았습니다.

4) 목적어가 없거나 목적어로 절이 와도 동사는 비인칭(3인칭 남성단수) 형태를 취합니다.

आपने देखा । 당신께서 보셨습니다.

मेरी सहेली ने सोचा कि वह मेरे साथ जाएगी । [सोचना 생각하다, के साथ ~와 함께]

내 친구(여자)가 그녀가 나와 함께 가리라고 생각했습니다.

☑ 주어에 행위격 후치사 ने, 목적어에 목적격 후치사 को가 올 때 앞에 (대)명사가 사격이 되어 어형 변화하는 것에 유의하십시오. [9과 문법 참조]

उसने खाना खाया । 그는 음식을 먹었습니다.

हमने उन लोगों को देखा । 우리는 그 사람들을 보았습니다.

2 चुकना 동사

चुकना 동사는 본동사와 조동사로 사용되는 자동사입니다.

1) चुकना 동사가 본동사로 사용되면 '끝나다', '종료되다', '완제하다' 등의 의미를 지닙니다.

उसे लगा कि उसके अंदर की शक्ति चुक गयी है । [लगना 느끼다, अंदर 안, 내면, *शक्ति 힘]

그(녀)는 그(녀) 내면의 힘이 소진된 것 같았습니다.

मेरे बड़े भाई साहब का क़र्ज़ चुक गया है । [क़र्ज़ 부채(負債), 빚]

나의 큰 형님(오빠)의 부채가 청산되었습니다.

2) चुकना 동사를 문법조동사로 활용하여 완료시제를 표현할 수 있습니다.

[동사어간 + 문법조동사 चुकना (+ होना 동사)]

(1) 문법조동사로서 चुकना 동사는 본동사가 가리키는 행위의 완료 또는 종료를 나타냅니다.

(2) 시제를 나타내는 होना 동사는 현재형과 과거형에 모두 올 수 있습니다. 그러나 होना 동사가 생략되기도 합니다.

मैं दिल्ली घूम चुका/*चुकी हूँ । 제가 델리를 (이미) 관광했습니다.

वह परीक्षा में पास हो चुका/*चुकी है । [*परीक्षा 시험, पास होना 통과하다]

그(녀)가 시험에 (이미) 합격했습니다.

हम वह काम कर चुके थे/*चुकी थीं । 우리가 그 일을 (이미) 했었습니다.

आप पढ़ चुके/*चुकीं । 당신이 (이미) 읽으셨습니다.

☑ 행위나 상태의 완료 또는 종료를 나타내기 때문에 이 문형에는 '이미'라는 의미가 내포되어 있다고 할 수 있습니다.

रात के ग्यारह बज चुके है । (이미) 밤 11시가 되었습니다.

वे आज रात को आ चुके/*चुकी हैं । 그(여자)분이 오늘 밤에 (이미) 오셨습니다.

3) चुकना 동사는 본동사보다 완료시제를 나타내는 문법조동사로 사용되는 경우가 훨씬 많습니다.

이때 유의할 점은 चुकना 동사가 자동사이기 때문에 본동사가 타동사일 경우에도 행위격 후치사 नेे가 주어에 첨가되지 않고, 항상 직격주어를 취해야 한다는 것입니다.

☑ 타동사의 완료형이 온 완료시제를 चुकना를 활용한 완료시제로 전환시켜 보면 아래와 같습니다.

मैंने वे किताबें पढ़ी थीं । 나는 그 책들을 읽었습니다.
→ मैं वे किताबें पढ़ चुका था/*चुकी थी । 나는 그 책들을 (이미) 다 읽었습니다.

हमने खाना खाया है । 우리는 음식을 먹었습니다.
→ हम खाना खा चुके/*चुकी हैं । 우리는 음식을 (이미) 다 먹었습니다.

(क्या) उसने आज का अख़बार पढ़ा है ? 그(녀)가 오늘 신문을 읽었는가? [अख़बार 신문]
→ (क्या) वह आज का अख़बार पढ़ चुका/*चुकी है ?
그(녀)가 오늘 신문을 (이미) 다 읽었는가?

उन्होंने वह फ़िल्म देखी है । 그들은 그 영화를 보았습니다. [*फ़िल्म 영화]
→ वे वह फ़िल्म देख चुके/*चुकी हैं । 그들은 그 영화를 (이미) 다 보았습니다.

듣기

हिन्दी वाक्यों को ध्यान से सुनिए ।

힌디어 문장을 주의 깊게 들으시오.

1 क्या आप दिल्ली घूमी हैं ?

당신은(여성) 델리를 관광하셨습니까?

2 जी, मैं दिल्ली घूम चुकी हूँ ।

네, 저는(여성) 델리를 (이미) 관광했습니다.

3 आपने दिल्ली में क्या-क्या देखा है ?

당신은 델리에서 무엇무엇을 보셨습니까?

4 मैंने राजघाट, लाल क़िला, क़ुतुब मीनार, सी.पी., बंगाली मार्केट आदि देखा ।

저는 라즈가뜨, 붉은 성, 꾸뜹 첨탑, C.P., 벵갈리 마켓 등을 보았습니다.

5 क्या आपने बंगाली मार्केट में मिठाई खाई ?

당신은 벵갈리 마켓에서 당과를 드셨습니까?

6 मैंने पहले छोले भटूरे खाए, उसके बाद मिठाई खाई ।

저는 먼저 촐레 바뚜레를 먹었습니다, 그 다음에 당과를 먹었습니다.

7 आपने दिल्ली में क्या ख़रीदा ?

당신은 델리에서 무엇을 구매하셨습니까?

8 मैंने सी.पी. में आर. के. नारायण का कहानी-संग्रह *मालगुडी डेज* लिया ।

저는 C.P.에서 R. K. 나라얀의 단편집 『말구디 시절』을 구매했습니다.

9 क्या आपने *मालगुडी डेज* पढ़ा है ?

당신은 『말구디 시절』을 읽으셨습니까?

10 मैं पढ़ चुका हूँ ।

저는 (이미) 읽었습니다.

쓰기

कोष्ठक में दिये गये शब्दों से वाक्य बनाइए ।

괄호 안에 주어진 단어로 문장을 만드시오.

1. 당신은(여성) 델리를 관광하셨습니까? (घूमी, आप, हैं, क्या, दिल्ली)

2. 네, 저는(여성) 델리를 (이미) 관광했습니다. (दिल्ली, चुकी, जी, मैं, घूम, हूँ)

3. 당신은 델리에서 무엇무엇을 보셨습니까? (दिल्ली, क्या-क्या, आपने, में, है, देखा)

4. 저는 라즈가뜨, 붉은 성, 꾸뜹 첨탑, C.P., 벵갈리 마켓 등을 보았습니다.
   (क़ुतुब मीनार, आदि, मैंने, लाल क़िला, देखा, सी.पी., राजघाट, बंगाली मार्केट)

5. 당신은 벵갈리 마켓에서 당과를 드셨습니까? (बंगाली मार्केट, क्या, खाई, आपने, में, मिठाई)

6. 저는 먼저 촐레 바뚜레를 먹었습니다, 그 다음에 당과를 먹었습니다.
   (उसके, खाए, पहले, मिठाई, मैंने, खाई, छोले भटूरे, बाद)

7. 당신은 델리에서 무엇을 구매하셨습니까? (में, ख़रीदा, दिल्ली, क्या, आपने)

8. 저는 C.P.에서 R. K. 나라얀의 단편집 『말구디 시절』을 구매했습니다.
   (आर. के. नारायण, लिया, सी.पी., *मालगुडी डेज*, का, मैंने, कहानी-संग्रह)

9. 당신은 『말구디 시절』을 읽으셨습니까? (पढ़ा, *मालगुडी डेज*, आपने, है, क्या)

10 저는 (이미) 읽었습니다. (पढ़, हूँ, चुका, मैं)

연습

कोष्ठक में दिये गये शब्द के अनुरूप वाक्य बदलिए ।

괄호 안에 주어진 단어에 따라 문장을 바꾸시오.

1

आपने दिल्ली में क्या-क्या देखा है ?

당신은 델리에서 무엇무엇을 보셨습니까?

1 (वह, करना)

그(녀)는 델리에서 무엇무엇을 했습니까?

2 (वे, लेना)

그분은 델리에서 무엇무엇을 사셨습니까?

3 (वह लड़का, खाना)

그 남자아이는 델리에서 무엇무엇을 먹었습니까?

4 (यह *लड़की, ख़रीदना)

이 여자아이는 델리에서 무엇무엇을 구매했습니까?

2

मैंने आज सवेरे अख़बार पढ़ा है ।

나는 오늘 아침에 신문을 읽었습니다.

1 (मैं, *फ़िल्म देखना)

나는 오늘 아침에 영화를 봤습니다.

2 (वह, काम करना)

그(녀)는 오늘 아침에 일을 했습니다.

3 (वे लड़के, खाना खाना)

그 남자아이들은 오늘 아침에 밥을 먹었습니다.

4 (ये *लड़कियाँ, *किताब पढ़ना)

이 여자아이들은 오늘 아침에 책을 읽었습니다.

3

मैंने पहले छोले भटूरे खाए, उसके बाद मिठाई खाई ।

나는 먼저 촐레 바뚜레를 먹었습니다, 그 다음에 당과를 먹었습니다.

1 (वह, कुतुब *मीनार, राजघाट, देखना)

그는 먼저 꾸뜹 첨탑을 보았습니다, 그 다음에 라즈가뜨를 보았습니다.

2 (वे, अख़बार, *पुस्तक, पढ़ना)

그분은 먼저 신문을 읽으셨습니다, 그 다음에 책을 읽으셨습니다.

3 (हम, *चाय, दूध, पीना)

우리는 먼저 인도식 밀크티를 마셨습니다, 그 다음에 우유를 마셨습니다.

4 (तू, गाना, *ख़बरें 소식, 뉴스, सुनना 듣다)

너는 먼저 노래를 들었다, 그 다음에 뉴스를 들었다.

4

मैं आज शाम को अख़बार पढ़ चुका हूँ ।
나는(남성) 오늘 저녁에 신문을 (이미) 읽었습니다.

1 (मैं(여성), *फ़िल्म देखना)

나는(여성) 오늘 저녁에 (이미) 영화를 봤습니다.

2 (वह(남성), काम करना)

그는(남성) 오늘 저녁에 (이미) 일을 했습니다.

3 (वे लड़के, खाना खाना)

그 남자아이들이 오늘 저녁에 (이미) 먹었습니다.

4 (ये *लड़कियाँ, *किताब पढ़ना)

이 여자아이들은 오늘 저녁에 (이미) 책을 읽었습니다.

5

मैं दो सप्ताह पहले दिल्ली घूम चुकी थी ।

나는(여성) 2주 전에 델리를 (이미) 관광했었습니다.

1 (मैं(남성), *फ़िल्म देखना)

나는(남성) 2주 전에 (이미) 영화를 봤었습니다.

2 (वह(여성), *परीक्षा में पास होना)

그녀는 2주 전에 (이미) 시험에 통과했었습니다.

3 (हम(남성), काम करना)

우리는(남성) 2주 전에 (이미) 일을 했었습니다.

4 (वे *लड़कियाँ, जाना)

그 여자아이들은 2주 전에 (이미) 떠났었습니다.

회화 테스트

हिन्दी में बोलिए ।

힌디어로 말하시오.

1. 당신은(여성) 델리를 관광하셨습니까?
2. 네, 저는(여성) 델리를 (이미) 관광했습니다.
3. 당신은 델리에서 무엇무엇을 보셨습니까?
4. 저는 라즈가뜨, 붉은 성, 꾸뚭 첨탑, C.P., 벵갈리 마켓 등을 보았습니다.
5. 당신은 벵갈리 마켓에서 당과를 드셨습니까?
6. 저는 먼저 촐레 바뚜레를 먹었습니다, 그 다음에 당과를 먹었습니다.
7. 당신은 델리에서 무엇을 구매하셨습니까?
8. 저는 C.P.에서 R. K. 나라얀의 단편집 『말구디 시절』을 구매했습니다.
9. 당신은 『말구디 시절』을 읽으셨습니까?
10. 저는 (이미) 읽었습니다.

※ 정답은 듣기 참조

단원 평가

ध्यान से सुनिए और ठीक उत्तर चुनिए ।

주의 깊게 듣고 옳은 답을 고르시오.

문제 1-2

मोहन:

सुजिन:

मोहन :

सुजिन :

मोहन :

सुजिन :

1 सुजिन भारत क्यों आई है ?

① सुजिन मोहन से मिलने आई है ।
② सुजिन घूमने आई है ।
③ सुजिन पढ़ने आई है ।
④ सुजिन काम करने आई है ।

2 सुजिन कहाँ घूम चुकी है ?

① वह दो सप्ताह घूम चुकी है ।
② वह दो महीने घूम चुकी है ।
③ वह दक्षिण कोरिया घूम चुकी है ।
④ वह दिल्ली घूम चुकी है ।

문제 3

मोहन :

सुजिन :

3 सुजिन ने दिल्ली में क्या नहीं देखा ?

① उसने दिल्ली में राजघाट नहीं देखा ।
② उसने दिल्ली में दिल्ली हाट नहीं देखी । [*हाट 시장]
③ उसने दिल्ली में लाल क़िला नहीं देखा ।
④ उसने दिल्ली में क़ुतुब मिनार नहीं देखी ।

문제 4-5

मोहन :

सुजिन :

मोहन :

सुजिन :

मोहन :

4 *मालगुडी डेज* किस ने लिखा है ? [किस 누구. कौन의 사격 형태]

① *मालगुडी डेज* सुजिन ने लिखा है ।
② *मालगुडी डेज* मोहन जी ने लिखा है ।
③ *मालगुडी डेज* आर. के. नारायण ने लिखा है ।
④ *मालगुडी डेज* सी.पी. ने लिखा है ।

5 *मालगुडी डेज* कौन पढ़ चुका है ?

① *मालगुडी डेज* सुजिन पढ़ चुकी है ।
② *मालगुडी डेज* मोहन जी पढ़ चुके हैं ।
③ *मालगुडी डेज* आर. के. नारायण पढ़ चुका है ।
④ *मालगुडी डेज* सी.पी. पढ़ चुकी है ।

9과

वे लड़कियों के स्कूल में पढ़ाते हैं ।

그분은 여학교에서 가르치십니다.

학습 목표

- **명사, 대명사, 형용사의 사격**

어휘

*अंग्रेज़ी	영국의; 서양의; 영어
ग़लत	잘못된, 틀린; 부적당한
चारों	넷 모두 [**चार** 숫자 4 + -**ओं** 집합 수 표현]
पढ़ाना	가르치다
पति	남편; 주인
*बहन	여자형제, 누나, 언니, 여동생
बाल-बच्चा	자식, 자녀
बेटा	아들
*बेटी	딸
भतीजा	조카
भाई	남자형제, 형, 오빠, 남동생
शादीशुदा	기혼의, 결혼한; 기혼자
साल	해, 년(年)
*सीट	자리, 좌석(seat)

• 숫자 71-80

इकहत्तर	बहत्तर	तिहत्तर	चौहत्तर	पचहत्तर
71	72	73	74	75
छिहत्तर	सतहत्तर	अठहत्तर	उन्नासी	अस्सी
76	77	78	79	80

대화문

मोहन: माफ़ कीजिए;

모한: 실례합니다.

आप ग़लत सीट पर तो नहीं बैठी हैं ?

당신이 잘못된 좌석에 앉지 않으셨나요?

आप का सीट नम्बर क्या है ?

당신의 좌석 번호가 무엇인가요?

सुजिन: मेरा सीट नम्बर अट्ठाइस है ।

수진: 제 좌석 번호는 28번입니다.

अरे !

어머!

मैं तो तीस नम्बर पर बैठी हूँ ।

저는 30번에 앉았습니다.

यह सीट किन की है ?

이 좌석은 어느 분의 것인가요?

मोहन: वह सीट मेरी है ।

모한: 그 좌석은 제 것입니다.

आप बैठे रहिए !

당신이 앉아 계십시오.

अच्छा, आप कोरिया से आई हैं ?

그래요, 당신이 한국에서 오셨습니까?

मेरे बड़े भाई साहब के दो बेटे सउल में दो साल रहे थे ।

제 큰 형님의 두 아들이 서울에서 2년 살았습니다.

सुजिन: आप के भतीजे ?

수진: 당신의 조카들이요?

मोहन: जी ।

모한: 네.

क्या आप शादीशुदा हैं ?

당신은 결혼하셨습니까?

सुजिन: जी हाँ ।

수진: 네.

मेरे पति दक्षिण कोरिया में हैं ।

제 남편은 한국에 있습니다.

मोहन: आप के पति क्या करते हैं ?

모한: 당신의 남편은 무엇을 하십니까?

सुजिन: वे एक लड़कियों के स्कूल में पढ़ाते हैं ।

수진: 그분은 한 여학교에서 가르치십니다.

मोहन: वे (उस स्कूल में) क्या पढ़ाते हैं ?

모한: 그분은 (그 학교에서) 무엇을 가르치십니까?

सुजिन: वे अंग्रेज़ी पढ़ाते हैं ।

수진: 그분은 영어를 가르치십니다.

मोहन: उन का नाम क्या है ?

모한: 그분의 이름이 무엇입니까?

सुजिन: उन का नाम हनमिनसू है ।

수진: 그분의 이름이 한민수입니다.

मोहन: आप के कितने बाल-बच्चे हैं ?

모한: 당신의 자식이 몇 명입니까?

सुजिन: मेरा एक बेटा और दो बेटियाँ हैं ।

수진: 제게 아들 하나와 딸 둘이 있습니다.

मोहन: आप के कितने भाई और कितनी बहनें हैं ?

모한: 당신의 형제자매가 몇 명입니까?

सुजिन: मेरे दो बड़े भाई और दो छोटी बहनें हैं ।

수진: 제게 오빠 둘과 여동생 둘이 있습니다.

मेरे चारों भाई-बहन सउल में हैं ।

제 형제자매 넷 모두 서울에 있습니다.

문법

1 명사, 대명사, 형용사의 사격

5, 6과에서 공부한 후치사에 선행하는 (대)명사나 형용사는 그 후치사의 영향을 받아 면 사격(oblique case)이 되고 어형 변화합니다.

1) 명사의 사격

(1) 남성명사

-आ로 끝나는 남성명사는 단수 사격에서 -आ가 -ए로, 복수 사격에서 -ए가 -ओं으로 바뀝니다. -आ로 끝나지 않는 남성명사는 단수 사격에서 그 형태가 변하지 않고, 복수 사격에서 -ओं이 첨가됩니다.

लड़के का नाम क्या है ? 남학생의 이름은 무엇입니까?
लड़कों का स्कूल कहाँ है ? 남학생들의 학교가 어디에 있습니까?
मकान का दाम क्या है ? 집의 가격이 얼마입니까(무엇입니까)? [दाम 가격, 요금]
यह अच्छे मकानों का इलाक़ा है । 이것은 좋은 주택 지구입니다. [इलाक़ा 지역; 구역, 지구]

(2) 여성명사

-ई로 끝나는 여성명사는 단수 사격에서 그 형태가 변하지 않고, 복수 사격에서 -इयाँ이 -इयों으로 바뀝니다. -ई로 끝나지 않는 여성명사는 단수 사격에서 그 형태가 변하지 않고, 복수 사격에서 -एँ이 탈락한 뒤 -ओं이 붙습니다.

लड़की का नाम क्या है ? 여학생의 이름이 무엇입니까?
लड़कियों का स्कूल कहाँ है ? 여학생들의 학교가 어디에 있습니까?
पुस्तक का रंग क्या है ? 책의 색깔이 무엇입니까? [रंग 색]
पुस्तकों की दुकान कहाँ है ? 책방이 어디에 있습니까?

(3) 성 · 수에 따른 명사의 사격 변화를 표로 보면 다음과 같습니다.

<table>
<tr><th colspan="2" rowspan="2">수 / 격 / 성</th><th colspan="2">단수</th><th colspan="2">복수</th></tr>
<tr><th>직격</th><th>사격
(후치사와 함께)</th><th>직격</th><th>사격
(후치사와 함께)</th></tr>
<tr><td rowspan="2">남성</td><td>-आ로 끝나는 명사</td><td>लड़का</td><td>लड़के का</td><td>लड़के</td><td>लड़कों का</td></tr>
<tr><td>-आ로 끝나지 않는 명사</td><td>मकान</td><td>मकान का</td><td>मकान</td><td>मकानों का</td></tr>
<tr><td rowspan="2">여성</td><td>-ई로 끝나는 명사</td><td>लड़की</td><td>लड़की का</td><td>लड़कियाँ</td><td>लड़कियों का</td></tr>
<tr><td>-ई로 끝나지 않는 명사</td><td>पुस्तक</td><td>पुस्तक का</td><td>पुस्तकें</td><td>पुस्तकों का</td></tr>
</table>

2) 대명사의 사격

대명사가 5, 6과에서 공부한 후치사가 뒤에 오면 사격이 되고 어형 변화합니다.

(1) 인칭 · 지시대명사의 어형 변화한 사격 형태는 아래의 표와 같습니다.

<table>
<tr><th rowspan="2">수 / 격 / 종류</th><th colspan="2">단수</th><th colspan="2">복수</th></tr>
<tr><th>직격</th><th>사격</th><th>직격</th><th>사격</th></tr>
<tr><td>1인칭</td><td>मैं</td><td>मुझ</td><td colspan="2">हम</td></tr>
<tr><td rowspan="2">2인칭</td><td rowspan="2">तू</td><td rowspan="2">तुझ</td><td colspan="2">तुम</td></tr>
<tr><td colspan="2">आप</td></tr>
<tr><td rowspan="2">3인칭·지시</td><td>वह</td><td>उस</td><td>वे</td><td>उन</td></tr>
<tr><td>यह</td><td>इस</td><td>ये</td><td>इन</td></tr>
</table>

वह कौन है ?

그(녀)는 누구입니까?

उस का नाम क्या है ?

그(녀)의 이름이 무엇입니까?

आप कहाँ रहते/*रहती हैं ?

당신은 어디에 사십니까?

आप का घर कहाँ है ?

당신의 집이 어디입니까?

ये लड़कियाँ हैं ।

이들은 여학생들입니다.

इन लड़कियों का स्कूल कहाँ है ?

이 여학생들의 학교가 어디에 있습니까?

☑ मैं, हम, तू, तुम이 소유격 후치사 का와 결합할 때에는 위의 사격 형태를 취하지 않습니다. [5과 문법 2. 2) 참조]

☑ वे, ये가 후치사 ने와 결합할 때에는 उन्होंने, इन्होंने가 됩니다.

(2) 의문대명사와 부정대명사의 사격 형태는 아래의 표와 같습니다.

수 / 격 / 종류	단수		복수	
	직격	사격	직격	사격
의문대명사	क्या	किस	क्या	किन
	कौन		कौन	
부정대명사	कोई	किसी	कोई-कोई	किन्हीं

यह किसकी किताब है ? 이것은 누구의 책입니까?

यह किताब किसी की भी नहीं है । 이 책은 누구의 것도 아닙니다.

इस किताब का दाम क्या है ? 이 책의 가격은 얼마입니까(무엇입니까)?

यह किताब किस दाम की है ? 이 책은 얼마짜리입니까?

3) 형용사의 사격

형용사가 수식하는 명사 뒤에 후치사가 오면 형용사도 사격이 됩니다.

वह अच्छा लड़का है ।
그는 착한 남학생입니다.

वे अच्छे लड़के हैं ।
그들은 착한 남학생들입니다.

यह अच्छी लड़की है ।
이 사람은 착한 여학생입니다.

ये अच्छी लड़कियाँ हैं ।
이들은 착한 여학생들입니다.

उस अच्छे लड़के का नाम क्या है ?
그 착한 남학생의 이름이 무엇입니까?

उन अच्छे लड़कों का स्कूल कहाँ है ?
그 착한 남학생들의 학교가 어디에 있습니까?

इस अच्छी लड़की का नाम क्या है ?
이 착한 여학생의 이름이 무엇입니까?

इन अच्छी लड़कियों का स्कूल कहाँ है ?
이 착한 여학생들의 학교가 어디에 있습니까?

यह सुन्दर लड़का है ।
이 사람은 잘생긴 남학생입니다.

वह सुन्दर लड़की है ।
그녀는 예쁜 여학생입니다.

इस सुन्दर लड़के का नाम क्या है ?
이 잘생긴 남학생의 이름이 무엇입니까?

उस सुन्दर लड़की का नाम क्या है ?
그 예쁜 여학생의 이름이 무엇입니까?

위의 예문을 통해 알 수 있듯이 실제로 어형 변화가 나타나는 경우는 -आ로 끝나는 형용사가 남성단수 사격 명사를 수식할 때뿐입니다.

듣기

हिन्दी वाक्यों को ध्यान से सुनिए ।

힌디어 문장을 주의 깊게 들으시오.

1 मेरे बड़े भाई साहब के दो बेटे सउल में दो साल रहे थे ।

제 큰 형님의 두 아들이 서울에서 2년 살았습니다.

2 क्या आप शादीशुदा हैं ?

당신은 결혼하셨습니까?

3 मेरे पति दक्षिण कोरिया में हैं ।

제 남편은 한국에 있습니다.

4 आप के पति क्या करते हैं ?

당신의 남편은 무엇을 하십니까?

5 वे एक लड़कियों के स्कूल में पढ़ाते हैं ।

그분은(남성) 한 여학교에서 가르치십니다.

6 वे उस स्कूल में क्या पढ़ाते हैं ?

그분은(남성) 그 학교에서 무엇을 가르치십니까?

7 आप के कितने बाल-बच्चे हैं ?

당신의 자식이 몇 명입니까?

8 मेरा एक बेटा और दो बेटियाँ हैं ।

제게 아들 하나와 딸 둘이 있습니다.

9 आप के कितने भाई और कितनी बहनें हैं ?

당신의 형제자매가 몇 명입니까?

10 मेरे दो बड़े भाई और दो छोटी बहनें हैं ।

제게 오빠 둘과 여동생 둘이 있습니다.

쓰기

कोष्ठक में दिये गये शब्दों से वाक्य बनाइए ।

괄호 안에 주어진 단어로 문장을 만드시오.

1. 제 큰 형님의 두 아들이 서울에서 2년 살았습니다.
(दो, साहब, रहे, भाई, मेरे, में, के, थे, बड़े, साल, दो, सउल, बेटे)

2. 당신은 결혼하셨습니까? (शादीशुदा, क्या, हैं, आप)

3. 제 남편은 한국에 있습니다. (में, पति, कोरिया, मेरे, दक्षिण, हैं)

4. 당신의 남편은 무엇을 하십니까? (करते, क्या, आप, पति, हैं, के)

5. 그분은(남성) 한 여학교에서 가르치십니다. (एक, में, हैं, लड़कियों, वे, स्कूल, के, पढ़ाते)

6. 그분은(남성) 그 학교에서 무엇을 가르치십니까? (क्या, स्कूल, हैं, उस, वे, पढ़ाते, में)

7. 당신의 자식이 몇 명입니까? (बाल-बच्चे, आप, हैं, के, कितने)

8. 제게 아들 하나와 딸 둘이 있습니다. (बेटा, दे, मेरा, हैं, बेटियाँ, और, एक)

9. 당신의 형제자매가 몇 명입니까? (कितनी, आप, कितने, हैं, और, भाई, बहनें, के)

10. 제게 오빠 둘과 여동생 둘이 있습니다. (छोटी, दो, हैं, भाई, मेरे, बड़े, और, दो, बहनें)

연습

कोष्ठक में दिये गये शब्द के अनुरूप वाक्य बदलिए ।

괄호 안에 주어진 단어에 따라 문장을 바꾸시오.

1

वे विदेशियों के स्कूल में पढ़ाते हैं । [विदेशी 외국의; 외국인]

그분은(남성) 외국인 학교에서 가르치십니다.

1 (लड़के)

그분은(남성) 남학교에서 가르치십니다.

2 (*लड़कियाँ)

그분은(남성) 여학교에서 가르치십니다.

3 (मेरे छोटे भाई)

그분은(남성) 내 남동생들의 학교에서 가르치십니다.

4 (मेरी छोटी *बहनें)

그분은(남성) 내 여동생들의 학교에서 가르치십니다.

2

आप के पति क्या करते हैं ?

당신의 남편은 무엇을 하십니까? .

1 (वह(여성))

그녀의 남편은 무엇을 하십니까? .

2 (वे(여성))

그 여자분의 남편은 무엇을 하십니까? .

3 (तुम(여성))

자네의(여성) 남편은 무엇을 하는가? .

4 (तू(여성))

네(여성) 남편은 무엇을 하니?

3

उस छोटे स्कूल का नाम क्या है ?

그 작은 학교의 이름이 무엇입니까?

1 (यह सुन्दर मंदिर)

이 아름다운 사원의 이름이 무엇입니까?

2 (वह अच्छा लड़का)

그 착한 남학생의 이름이 무엇입니까?

3 (यह अच्छी *लड़की)

이 착한 여학생의 이름이 무엇입니까?

4 (वह बड़ा बाज़ार)

그 큰 시장의 이름이 무엇입니까?

4

यह मकान मेरे बड़े भाई का है ।

이 집은 내 큰 형의 것입니다.

1 (वे *सीटें, *महिलाएँ)

그 좌석들은 여성용입니다.

2 (ये टिकट, विदेशी लोग)

이 티켓들은 외국인용입니다.

3 (यह क्लासरूम, नये छात्र-छात्राएँ 남녀학생)

이 교실은 신입생들의 것입니다.

4 (वह स्कूल, लड़के और *लड़कियाँ)

그 학교는 남녀공학입니다.

5

यह सीट किन की है ?

이 자리는 어떤 분의 것입니까?

1 (वह मकान, कौन)

그 집은 누구의 것입니까?

2 (ये *किताबें, कोई)

이 책들은 누군가의 것입니다.

3 (यह *घड़ी, क्या रंग)

이 시계는 무슨 색깔의 것입니까?

4 (वे मंदिर, कौन लोग)

그 사원들은 어떤 사람들의 것입니까?

회화 테스트

हिन्दी में बोलिए ।

힌디어로 말하시오.

1. 제 큰 형님의 두 아들이 서울에서 2년 살았습니다.
2. 당신은 결혼하셨습니까?
3. 제 남편은 한국에 있습니다.
4. 당신의 남편은 무엇을 하십니까?
5. 그분은(남성) 한 여학교에서 가르치십니다.
6. 그분은(남성) 그 학교에서 무엇을 가르치십니까?
7. 당신의 자식이 몇 명입니까?
8. 제게 아들 하나와 딸 둘이 있습니다.
9. 당신의 형제자매가 몇 명입니까?
10. 제게 오빠 둘과 여동생 둘이 있습니다.

※ 정답은 듣기 참조

단원 평가

ध्यान से सुनिए और ठीक उत्तर चुनिए ।

주의 깊게 듣고 옳은 답을 고르시오.

문제 1-2

मोहन:

सुजिन:

मोहन:

सुजिन:

मोहन:

1 मोहन जी का सीट नम्बर क्या है ?

① मोहन जी का सीट नम्बर चौबीस है ।

② मोहन जी का सीट नम्बर छब्बीस है ।

③ मोहन जी का सीट नम्बर अट्ठाईस है ।

④ मोहन जी का सीट नम्बर तीस है ।

2 किस के दो भतीजे सउल में दो साल रहे थे ?

① सुजिन के दो भतीजे सउल में दो साल रहे थे ।
② सुजिन के पति के दो भतीजे सउल में दो साल रहे थे ।
③ मोहन के दो भतीजे सउल में दो साल रहे थे ।
④ मोहन के बड़े भाई साहब के दो भतीजे सउल में दो साल रहे थे ।

문제 3

मोहन:

सुजिन:

मोहन:

सुजिन:

3 सुजिन के पति का नाम क्या है ?

① उन का नाम शादीशुदा है ।
② उन का नाम दक्षिण कोरिया है ।
③ उन का नाम मोहन है ।
④ उन का नाम हनमिनसू है ।

문제 4-5

मोहन:

सुजिन:

मोहन:

सुजिन:

मोहन:

सुजिन:

4 सुजिन के पति कहाँ पढ़ाते हैं ?

① वे एक लड़कों के स्कूल में पढ़ाते हैं ।
② वे एक लड़कियों के स्कूल में पढ़ाते हैं ।
③ वे मोहन के बड़े भाई के स्कूल में पढ़ाते हैं ।
④ वे सुजिन के बाल-बच्चों के स्कूल में पढ़ाते हैं ।

5 सुजिन के कितने बड़े भाई और कितनी छोटी बहनें हैं ?

① उस का एक बड़ा भाई और एक छोटी बहन है ।
② उस का एक बड़ा भाई और दो छोटी बहनें हैं ।
③ उस के दो बड़े भाई और एक छोटी बहन है ।
④ उस के दो बड़े भाई और दो छोटी बहनें हैं ।

10과

दीप्ति का क्लासरूम

딥띠의 교실

학습 목표

- 미래시제
- 복합후치사

어휘

अध्यापक	선생, 교사, 교원
ऊपर	위, 위쪽; 위에, 위쪽에
कुछ	어떤 것, 무엇; 아무 것 (부정대명사). 조금, 약간, 몇; 좀
*कुर्सी	의자
*खिड़की	창, 창문
खेलना	놀다, 유희하다; 운동하다, 경기하다
*घंटी	(작은) 종
घुसना	들어가다, 입장하다; 침입하다
*चुप	침묵, 무언; 조용한; 말없는, 침묵의
*छत	천장; 지붕
छात्र	남학생
*छात्रा	여학생
छूटना	놓이다; 떠나다; 자유로워지다
झंडा	기(旗), 깃발
थैला	(천) 가방
दरवाज़ा	문

दायाँ	오른쪽(의)
*दीवार	벽
पंखा	선풍기
पहुँचना	도착하다; 도달하다
*पुस्तक	책
*बातचीत	회화; 상담; 대화
बीचोंबीच	한가운데
ब्लैकबोर्ड	칠판(blackboard)
भीतर	~안에, 안으로; 안(쪽), 속, 내부, 내면
मिलाना	섞다; 합치다, 결합하다, 모으다; 만나게 하다
*मेज़	책상
रखना	놓다, 두다; 유지하다
राष्ट्रीय	국가의; 나라의; 민족의
लगना	접하다, 붙다; 느끼다; 걸리다; 여기다
लम्बा	긴; 높은
सब	모두, 일체의, 전체의; 전체; 전원
समय	시간; 시각; 때, 기회

सवेरे	아침에
सामने	앞에, 정면에, 전면에

• 숫자 81-90

इक्यासी	बयासी	तिरासी	चौरासी	पचासी
81	82	83	84	85
छियासी	सतासी	अट्ठासी	नवासी	नब्बे
86	87	88	89	90

본문

दीप्ति आज सवेरे देर से उठी ।

딥띠가 오늘 아침 늦게 일어났습니다.

आज उस की बस छूट जाएगी ।

오늘 그녀의 버스가 떠나게 될 것입니다.

लेकिन उस का भाई आलोक उसे स्कूल छोड़ देगा ।

그러나 그녀의 오빠 알록이 그녀를 학교에 내려줄 것입니다.

वह समय पर स्कूल पहुँच जाएगी और अपने क्लासरूम में घुस जाएगी ।

그녀는 정각에 학교에 도착할 것이고 자신의 교실에 들어갈 것입니다.

दीप्ति के क्लासरूम के अंदर कई लम्बी मेज़ें हैं ।

딥띠의 교실 안에 여러 긴 책상이 있습니다.

उन लम्बी मेज़ों के पास कुर्सियाँ हैं ।

그 긴 책상들 근처에 의자들이 있습니다.

उन कुर्सियों के नीचे छात्र-छात्राओं के थैले रखे हैं ।

그 의자들 밑에 남녀학생들의 가방이 놓여있습니다.

दरवाज़े के दायीं ओर दीवार पर ब्लैकबोर्ड लगा है ।

문 오른 쪽 벽에 칠판이 붙어 있습니다.

उस ब्लैकबोर्ड के ऊपर राष्ट्रीय झंडा है ।

그 칠판 위에 국기가 있습니다.

छत के बीचोंबीच एक पंखा लगा है ।

천장 한가운데 선풍기 한 대가 붙어 있습니다.

उस के भीतर सोलह छात्र और चौदह छात्राएँ हैं ।

그 안에 남학생 16명과 여학생 14명이 있습니다.

सब मिलाकर तीस छात्र-छात्राएँ कुर्सियों पर बैठेंगे ।

총 남녀학생 30명이 의자에 앉을 것입니다.

कुछ लड़के-लड़कियाँ पुस्तकें पढ़ेंगे ।

남녀학생 몇이 책을 읽을 것입니다.

कुछ लड़के गेम मशीन से खेलेंगे ।

남학생 몇이 게임기로 놀 것입니다.

और कुछ लड़कियाँ बातचीत करेंगी ।

그리고 여학생 몇이 대화할 것입니다.

सवा आठ बजे स्कूल की घंटी बजेगी ।

8시 15분에 학교 종이 울릴 것입니다.

अध्यापक जी क्लासरूम में आएँगे ।

선생님께서 교실에 오실 것입니다.

और सब लड़के-लड़कियाँ चुप हो जाएँगे ।

그리고 모든 남녀학생들이 조용해질 것입니다.

문법

1 미래시제

1) 미래시제는 [동사 어간 + 미래형 어미(-ऊँगा/*-ऊँगी, -एगा/*-एगी, -ओगे/*-ओगी, -एँगे/*-एँगी)로 구성됩니다.

खा (동사어간) + -ऊँगा/*-ऊँगी (미래형 어미) = खाऊँगा/*खाऊँगी 먹을 것이다(1인칭 단수)
उठ (동사어간) + -ओगे/*-ओगी (미래형 어미) = उठोगे/*उठोगी 일어날 것이다(2인칭 복수)

인칭·성·수에 따른 미래시제는 아래의 표와 같습니다.

आना(오다)

인칭 \ 성 \ 수	단수	복수
	남성/*여성	남성/*여성
1인칭	मैं आऊँगा/*आऊँगी	हम आएँगे/*आएँगी
2인칭	तू आएगा/*आएगी	तुम आओगे/*आओगी
		आप आएँगे/*आएँगी
3인칭	वह आएगा /*आएगी	वे आएँगे/*आएँगी
	यह आएगा /*आएगी	ये आएँगे/*आएँगी

2) 미래 표지는 미래의 행위나 상태를 표현합니다.

मैं कल शाम को फ़िल्म देखूँगा/*देखूँगी । 나는 내일 저녁에 영화를 보겠습니다.
वह समय पर स्कूल पहुँचेगा/*पहुँचेगी । 그(녀)가 제 시간에 학교에 도착할 것이다.
हम गेम मशीन से खेलेंगे/*खेलेंगी । 우리가 게임기로 놀겠습니다.
वे लोग कल सुबह बातचीत करेंगे/*करेंगी । 그들이 내일 아침에 대화할 것이다.

आप हमारे यहाँ कब आएँगे/*आएँगी ? 당신은 우리 집에 언제 오시겠습니까?

3) होना 동사의 미래시제가 현재 행위나 상태의 추정을 나타내기도 합니다.

वह कॉलेज में होगा/*होगी । 그(녀)가 대학에 있을 것입니다.

4) 부정어로는 न 또는 नहीं를 사용합니다.

वह कॉलेज में नहीं होगा/*होगी । 그(녀)가 대학에 없을 것입니다.

2 복합 후치사

복합 후치사는 대부분 [소유격 후치사의 사격 형태 + 사격 명사/부사]로 구성되며, 부사적 표현입니다.

के अन्दर ~의 안에 — इस कमरे के अन्दर क्या है ?
이 방 안에 무엇이 있습니까?

के आगे ~의 앞에 — पिता जी के आगे माता जी बैठी हैं ।
아버지 앞에 어머니가 앉아 계십니다.

के ऊपर ~의 위에 — ब्लैकबोर्ड के ऊपर घड़ी है ।
칠판 위에 시계가 있습니다.

के नीचे ~의 밑에, ~아래 — पेड़ के नीचे एक आदमी है । [पेड़ 나무]
나무 밑에 한 사람이 있습니다.

के पास ~ 옆에, ~가까이 — डाकघर के पास बैंक है । [डाकघर 우체국]
우체국 옆에 은행이 있습니다.

के पीछे ~의 뒤에 — मेरे मकान के पीछे बग़ीचा है । [बग़ीचा 작은 정원]
내 집 뒤에 작은 정원이 있습니다.

के बाद ~의 후에 — वह क्लास के बाद सितार सीखता/*सीखती है ।
그(녀)가 방과 후 씨따르를 배웁니다.

के बाहर ~의 밖에 — अध्यापक जी स्कूल के बाहर रहते हैं ।
선생님께서 학교 밖에 사십니다.

के बीच ~의 사이에 — खिड़की और दरवाज़े के बीच लम्बी मेज़ है ।
창문과 문 사이에 긴 책상이 있습니다.

के भीतर ~의 안에 — उस क्लासरूम के भीतर छात्र-छात्राएँ हैं ।
그 교실 안에 남녀학생들이 있습니다.

के लिए ~를 위해 — मैं आप के लिए किताब ख़रीदूँगा/*ख़रीदूँगी ।
내가 당신을 위해 책을 사겠습니다.

के साथ ~의 함께 — मैं छोटे भाई के साथ बाज़ार जाऊँगा/*जाऊँगी ।
내가 남동생과 함께 시장에 갈 것입니다.

के सामने ~의 정면에 — उस स्कूल के सामने एक इमारत है । [*इमारत 건물]
그 학교 정면에 건물 하나가 있습니다.

2) 소유격 후치사가 생략되거나 से가 오는 경우도 있습니다. 또한 여성명사 앞에서 소유격 후치사 का는 की의 형태를 취합니다.

_पार _건너 — सड़क पार वह खड़ा था/*खड़ी थी । [*सड़क 길, खड़ा होना 서 있다]
길 건너 그(녀)가 서 있었습니다.

_पीछे _뒤에 — वे पीठ पीछे किस की बुराई नहीं करते/*करतीं । [*पीठ 등, *बुराई 악함]
그분은 누구의 등 뒤에서 험담하지 않습니다.

से बाहर ~의 밖에 — अध्यापक जी स्कूल से बाहर चले गये । [चला जाना 떠나다]
선생님께서 학교 밖으로 떠나셨습니다.

की ओर — ~의 쪽으로
स्कूल की ओर चलिए।
학교 쪽으로 갑시다.

की तरह ~처럼 — तुम हिन्दुस्तानी की तरह हिन्दी बोलते/*बोलती हो ।
자네는 인도인처럼 힌디어를 말하네.

듣기

हिन्दी वाक्यों को ध्यान से सुनिए ।

힌디어 문장을 주의 깊게 들으시오.

1. वह समय पर स्कूल पहुँच जाएगी ।

   그녀는 정각에 학교에 도착할 것입니다.

2. क्लासरूम के अंदर कई लम्बी मेजें हैं ।

   교실 안에 여러 긴 책상이 있습니다.

3. उन लम्बी मेज़ों के पास कुर्सियाँ हैं ।

   그 긴 책상들 근처에 의자들이 있습니다.

4. उन कुर्सियों के नीचे छात्र-छात्राओं के थैले रखे हैं ।

   그 의자들 밑에 남녀학생들의 가방이 놓여있습니다.

5. एक दरवाज़े के दायीं ओर दीवार पर ब्लैकबोर्ड लगा है ।

   한 문의 오른 쪽 벽에 칠판이 붙어 있습니다.

6. छत के बीचोंबीच एक पंखा लगा है ।

   천장 한가운데 선풍기 한 대가 붙어 있습니다.

7. तीस छात्र-छात्राएँ कुर्सियों पर बैठेंगे ।

   남녀학생 30명이 의자에 앉을 것입니다.

8. कुछ लड़के गेम मशीन से खेलेंगे ।

   남학생 몇이 게임기로 놀 것입니다.

9. कुछ लड़कियाँ बातचीत करेंगी ।

   여학생 몇이 대화할 것입니다.

10. सवा आठ बजे स्कूल की घंटी बजेगी ।

    8시 15분에 학교 종이 울릴 것입니다.

쓰기

कोष्ठक में दिये गये शब्दों से वाक्य बनाइए ।

괄호 안에 주어진 단어로 문장을 만드시오.

1. 그녀는 정각에 학교에 도착할 것입니다. (जाएगी, स्कूल, समय, पहुँच, वह, पर)

2. 교실 안에 여러 긴 책상이 있습니다. (कई, हैं, के, क्लासरूम, अंदर, मेज़ें, लम्बी)

3. 그 긴 책상들 근처에 의자들이 있습니다. (हैं, मेजों, कुर्सियाँ, के, उन, लम्बी, पास)

4. 그 의자들 밑에 남녀학생들의 가방이 놓여있습니다.
(नीचे, उन, हैं, छात्र-छात्राओं, के, रखे, कुर्सियों, थैले, के)

5. 한 문의 오른 쪽 벽에 칠판이 붙어 있습니다.
(दरवाज़े, पर, ब्लैकबोर्ड, एक, के, है, दायीं, लगा, दीवार, ओर)

6. 천장 한가운데 선풍기 한 대가 붙어 있습니다. (के, एक, बीचोंबीच, लगा, छत, है, पंखा)

7. 남녀학생 30명이 의자에 앉을 것입니다. (पर, तीस, कुर्सियों, बैठेंगे, छात्र-छात्राएँ)

8. 남학생 몇이 게임기로 놀 것입니다. (से, गेम, खेलेंगे, लड़के, मशीन, कुछ)

9. 여학생 몇이 대화할 것입니다. (बातचीत, करेंगी, लड़कियाँ, कुछ)

10 8시 15분에 학교 종이 울릴 것입니다. (घंटी, स्कूल, आठ, बजेगी, की, बजे, सवा)

연습

कोष्ठक में दिये गये शब्द के अनुरूप वाक्य बदलिए ।

괄호 안에 주어진 단어에 따라 문장을 바꾸시오.

1

वे गेम मशीन से खेलेंगे ।

그들이(남성) 게임기를 가지고 노실 것입니다.

1 (वे(여성))

그들이(여성) 게임기를 가지고 노실 것입니다.

2 (मैं(여성))

내가(여성) 게임기를 가지고 놀 것입니다.

3 (तुम(남성))

자네가(남성) 게임기를 가지고 놀 것이네.

4 (हम(남성))

우리가(남성) 게임기를 가지고 놀 것입니다.

2

अध्यापक क्लासरूम में आएँगे ।

선생님이 교실에 오실 것입니다.

1 (मैं(남성), पढ़ना)

내가(남성) 교실에서 공부할 것입니다.

2 (तू(여성), खेलना)

네가(여성) 교실에서 놀 것이다.

3 (तुम(여성), खाना खाना)

자네가(여성) 교실에서 음식을 먹을 것이네.

4 (हम(여성), घुस जाना)

우리가(여성) 교실에 들어갈 것입니다.

3

कुछ लड़कियाँ कल शाम को बातचीत करेंगी ।

여학생 몇이 내일 저녁에 대화할 것입니다.

1 (मेरी *सहेली, *पुस्तक पढ़ना)

내 친구(여자)가 내일 저녁에 책을 읽을 것입니다.

2 (छात्र-छात्राएँ, पहुँचना)

남녀학생들이 내일 저녁에 도착할 것입니다.

3 (हम लोग, भारत जाना)

우리들이 내일 저녁에 인도에 갈 것입니다.

4 (मेरी *माता जी, *सब्ज़ी ख़रीदना)

나의 어머니가 내일 저녁에 채소를 구매하실 것입니다.

4

ब्लैकबोर्ड के ऊपर राष्ट्रीय झंडा है ।

칠판 위에 국기가 있습니다.

1 (के नीचे, कुछ *कुर्सियाँ)

칠판 아래에 의자 몇 개가 있습니다.

2 (के पास, दो दरवाज़े)

칠판 근처에 문 두 개가 있습니다.

3 (के सामने, कई *मेज़ें)

칠판의 정면에 여러 책상들이 있습니다.

4 (के बायीं *ओर, कई चित्र)

칠판의 왼쪽에 여러 그림들이 있습니다.

5

अध्यापक बड़े कमरे से बाहर निकलेंगे ।

선생님이 큰 방 밖으로 나가실 것입니다.

1 (मैं(여성), के अन्दर, घुसना)

내가(여성) 큰 방 안으로 들어갈 것입니다.

2 (वह(남성), के दायीं *तरफ़ 쪽에, खेलना)

그가(남성) 큰 방의 오른 쪽에서 놀 것입니다.

3 (छात्र(복수), के भीतर, पढ़ना)

남학생들이 큰 방 안에서 공부할 것입니다.

4 (*छात्राएँ, के बाहर, *बातचीत करना)

여학생들이 큰 방 밖에서 대화할 것입니다.

회화 테스트

हिन्दी में बोलिए ।

헌디어로 말하시오.

1. 그녀는 정각에 학교에 도착할 것입니다.

2. 교실 안에 여러 긴 책상이 있습니다.

3. 그 긴 책상들 근처에 의자들이 있습니다.

4. 그 의자들 밑에 남녀학생들의 가방이 놓여있습니다.

5. 한 문의 오른 쪽 벽에 칠판이 붙어 있습니다.

6. 천장 한가운데 선풍기 한 대가 붙어 있습니다.

7. 남녀학생 30명이 의자에 앉을 것입니다.

8. 남학생 몇이 게임기로 놀 것입니다.

9. 여학생 몇이 대화할 것입니다.

10. 8시 15분에 학교 종이 울릴 것입니다.

※ 정답은 듣기 참조

단원 평가

ध्यान से सुनिए और ठीक उत्तर चुनिए ।

주의 깊게 듣고 옳은 답을 고르시오.

문제 1-2

1 दीप्ति के क्लासरूम में राष्ट्रीय झंडा कहाँ है ?

① दीप्ति के क्लासरूम में राष्ट्रीय झंडा ब्लैकबोर्ड के ऊपर है ।
② दीप्ति के क्लासरूम में राष्ट्रीय झंडा ब्लैकबोर्ड के नीचे है ।
③ दीप्ति के क्लासरूम में राष्ट्रीय झंडा ब्लैकबोर्ड के सामने है ।
④ दीप्ति के क्लासरूम में राष्ट्रीय झंडा ब्लैकबोर्ड के पास है ।

2 दीप्ति के क्लासरूम की छत के बीचोंबीच क्या लगा है ?

① दीप्ति के क्लासरूम की छत के बीचोंबीच एक घड़ी लगी है ।
② दीप्ति के क्लासरूम की छत के बीचोंबीच चार घड़ियाँ लगी हैं ।
③ दीप्ति के क्लासरूम की छत के बीचोंबीच एक पंखा लगा है ।
④ दीप्ति के क्लासरूम की छत के बीचोंबीच चार पंखे लगे हैं ।

문제 3-4

3 दीप्ति के क्लासरूम में कितने छात्र-छात्राएँ पढ़ेंगे ?

① दीप्ति के क्लासरूम में सोलह छात्र-छात्राएँ पढ़ेंगे ।
② दीप्ति के क्लासरूम में चौदह छात्र-छात्राएँ पढ़ेंगे ।
③ दीप्ति के क्लासरूम में तीस छात्र-छात्राएँ पढ़ेंगे ।
④ दीप्ति के क्लासरूम में तैंतीस छात्र-छात्राएँ पढ़ेंगे ।

4 दीप्ति के क्लासरूम में (कुछ) छात्र-छात्राएँ क्या करेंगे ?

① दीप्ति के क्लासरूम में (कुछ) छात्र-छात्राएँ पुस्तक पढ़ेंगे ।
② दीप्ति के क्लासरूम में (कुछ) छात्र-छात्राएँ मेज़ों पर बैठेंगे ।
③ दीप्ति के क्लासरूम में (कुछ) छात्र-छात्राएँ फुटबॉल खेलेंगे ।　　[फुटबॉल 축구]
④ दीप्ति के क्लासरूम में (कुछ) छात्र-छात्राएँ कुर्सियों से उठ जाएँगे ।

문제 5

5 सवा आठ बजे क्लासरूम में कौन आएगा ?

① सवा आठ बजे क्लासरूम में सोलह लड़के आएँगे ।

② सवा आठ बजे क्लासरूम में चौदह लड़कियाँ आएँगी ।

③ सवा आठ बजे क्लासरूम में अध्यापक जी आएँगे ।

④ सवा आठ बजे क्लासरूम में सब लड़के-लड़कियाँ आएँगे ।

11과

कौन साहब बोल रहे हैं ?

누가 말씀하고 계신가요?

학습 목표

- 진행형
- 복합후치사 के पास

어휘

काम	행위; 일, 업무, 직업; 작업; 바람, 욕망; 성애(性愛)
पुस्तकालय	도서관
बाहर	밖, 바깥; 밖에, 바깥으로
बोलना	말하다; 소리 내다; 지저귀다
मेला	정기시(定期市), 축제 겸 장; 전시회, 박람회
मोबाइल फ़ोन	휴대전화(mobile phone)
वापस	뒤로, (되)돌아온, 귀환한; 반환한
-वाला	선행하는 어휘와 함께 직업, 특성, 소유, 예정 등을 나타내는 일종의 접미사 [16과 문법 2. 참조]
शायद	아마도; 어쩌면; 다분히
सकना	~할 수 있다 (영어의 can과 같은 조동사)
सोचना	생각하다, 사고하다; 검토하다
हलो	여보세요(hello)
होल्ड	붙들다, 잡다, 쥐다(hold)

• 숫자 91-100

इक्यानवे	बानवे	तिरानवे	चौरानवे	पचानवे
91	92	93	94	95
छियानवे	सतानवे	अट्ठानवे	निन्यानवे	एक सौ
96	97	98	99	100

대화문

बोमिन : हलो, (क्या) मैं आलोक से बात कर सकती हूँ ?
보민: 여보세요, 제가 알록과 말할 수 있을까요?

चौहान : आप कौन बोल रही हैं ?
쪼우한: 누구십니까(누가 말씀하고 계십니까)?

बोमिन : मैं बोमिन बोल रही हूँ, दक्षिण कोरिया की ।
보민: 저는 보민입니다(저 보민이 말하고 있습니다), 한국 출신의.

क्या आलोक घर में है ?
알록이 집에 있습니까?

चौहान : ज़रा होल्ड करो, मैं देखता हूँ ।
쪼우한: 좀 기다리렴, 내가 보마.

थोड़ी देर बाद
잠시 후

चौहान : आलोक घर पर नहीं है ।
쪼우한: 알록이 집에 없구나.

शायद (वह) इस समय पुस्तकालय में पढ़ रहा होगा ।
아마 (그는) 지금 도서관에서 공부하고 있을 거다.

बोमिन : अंकल, मैं दिल्ली पुस्तक मेला जा रही हूँ ।
보민: 아저씨, 제가 델리 도서전시회에 가려고 합니다.

(मैं) आलोक के साथ जाने को सोच रही थी ।
(제가) 알록과 함께 가려고 생각하고 있었습니다.

चौहान : तो तुम मोबाइल फ़ोन पर उससे बात क्यों नहीं कर लेती ?
쪼우한: 그럼 너 휴대전화로 그와 왜 이야기해보지 않느냐?

बोमिन : जी, मैं मोबाइल फ़ोन पर उससे बात करती हूँ ।
보민: 네, 제가 휴대전화로 그와 이야기하겠습니다.

चौहान : क्या तुम्हारे पास आज शाम को समय है ?
쪼우한: 네게 오늘 저녁에 시간이 있냐?

हम लोग बाहर खाना खाने वाले हैं ।
우리가 외식을 하려고 한다(밖에서 음식을 먹으려고 한다).

तुम भी आलोक के साथ आना !
너도 알록과 함께 오려무나!

बोमिन : जी, धन्यवाद ।
보민: 네, 감사합니다.

मैं अवश्य आऊँगी ।
제가 꼭 가겠습니다.

चौहान : अच्छा, अब मैं फ़ोन रख रहा हूँ ।
쪼우한: 좋아, 이제 내가 전화 끊는다(수화기를 놓고 있다).

문법

1 진행형

1) 진행형은 [동사어간 + 문법조동사 रहा + होना 동사]로 구성됩니다.

진행을 나타내는 문법조동사 रहा는 주어의 성과 수에 따라 남성단수에서 रहा, 남성 복수에서 रहे, 여성 단 · 복수에서 रही가 됩니다.

시제를 나타내는 होना 동사의 현재형이 오면 현재진행형, होना 동사의 과거형이 오면 과거진행형입니다.

2) 현재진행형 [동사어간 + 문법조동사 रहा + होना 동사의 현재형]

(1) 인칭 · 성 · 수에 따른 현재진행형을 표로 보면 아래와 같습니다.

जाना(가다)

수 / 성 / 인칭	단수	복수
	남성/*여성	남성/*여성
1인칭	मैं जा रहा/*रही हूँ	हम जा रहे/*रही हैं
2인칭	तू जा रहा/*रही है	तुम जा रहे/*रही हो
		आप जा रहे/*रही हैं
3인칭	वह जा रहा/*रही है	वे जा रहे/*रही हैं
	यह जा रहा/*रही है	ये जा रहे/*रही हैं

(2) 현재진행형은 현재 시점에서 진행중인 행위를 나타냅니다.

आप कौन बोल रहे/*रही हैं ? 누가 말씀하고 계십니까?

누가 말씀하고 계십니까(누구십니까)?

मैं बोमिन बोल रही हूँ । 저 보민이가 말하고 있습니다.

저 보민이가 말하고 있습니다(저는 보민입니다).

(3) 현재진행형은 가까운 미래를 나타내기도 합니다.

मैं दिल्ली पुस्तक मेला जा रहा/*रही हूँ । 내가 델리 도서전시회에 갈 것입니다.

अब मैं फ़ोन रख रहा/*रही हूँ । 이제 제가 전화를 끊겠습니다.

3) 과거진행형 [동사어간 + 문법조동사 रहा + होना 동사의 과거형]

(1) 인칭 · 성 · 수에 따른 과거진행형을 표로 보면 아래와 같습니다.

जाना(가다)

수 / 성 / 인칭	단수	복수
	남성/*여성	남성/*여성
1인칭	मैं जा रहा था/*रही थी	हम जा रहे थे/*रही थीं
2인칭	तू जा रहा था/*रही थी	तुम जा रहे थे/*रही थीं
		आप जा रहे थे/*रही थीं
3인칭	वह जा रहा था/*रही थी	वे जा रहे थे/*रही थीं
	यह जा रहा था/*रही थी	ये जा रहे थे/*रही थीं हैं

(2) 과거진행형은 과거 시점에서 진행중인 행위를 나타냅니다.

मैं आलोक के साथ जाने को सोच रहा था/*रही थी ।

제가 알록과 함께 가려고 생각하고 있었습니다.

पिताजी कल सवेरे समाचार-पत्र पढ़ रहे थे । [समाचार-पत्र 신문]

아버지께서 어제 아침에 신문을 읽고 계셨습니다.

4) 부정어로 न나 नहीं를 사용하며, 본동사 앞에 오는 것이 원칙입니다.

वह अब पुस्तकालय में नहीं पढ़ रहा/*रही (है) ।

그(녀)가 지금 도서관에서 공부하고 있지 않습니다.

☑ 진행형의 부정문은 그리 흔하지 않고 होना 동사가 생략되기도 합니다.

☑ 진행형에 होना 동사의 미래형이 오면 진행중인 행위의 추정을 표현합니다.

शायद वह अब पुस्तकालय में पढ़ रहा होगा/*रही होगी ।

아마 그(녀)가 지금 도서관에서 공부하고 있을 것입니다.

माताजी घर वापस आ रही होंगी ।

어머니께서 집으로 돌아오고 계실 것입니다.

2 복합후치사 के पास

10과에서 살펴본 복합후치사 가운데 के पास는 대체로 아래의 세 가지 뜻으로 사용됩니다.

1) '~의 옆에, 가까이'

डाकघर के पास बैंक है । 우체국 옆에 은행이 있습니다.
मेज़ के पास कुर्सी है । 책상 옆에 의자가 있습니다.

2) '~ 있는 곳, ~의 집에'

मैं तुम्हारे पास आऊँगा/*आऊँगी । 내가 자네 있는 곳으로 갈 것이네.
तुम जल्दी मेरे पास आओ । 자네가 빨리 나 있는 곳에 오게.

☑ 4과에서 공부한 के यहाँ과 같은 의미로 사용됩니다.

3) होना 동사와 함께 와서 사물, 시간, 돈 등의 소유

क्या आज शाम को तुम्हारे पास समय है ? 오늘 저녁에 네게 시간이 있니?
हमारे पास पैसे नहीं हैं । 우리에게 돈이 없습니다. [पैसा 돈]

☑ 힌디어에는 영어의 have 동사처럼 소유를 나타내는 동사가 없습니다. 대부분의 경우 소유는 [के पास + होना 동사]로 표현합니다. 그러나 혈연, 인간관계 등을 표현할 때에는 5과에서 공부한 소유격 후치사 का가 옵니다.

आशा जी का एक बड़ा भाई है । 아샤 님께 오빠 한 명이 있습니다.
आलोक की एक छोटी बहन है । 알록에게 여동생 한 명이 있습니다.
श्री चौहान के कई दोस्त हैं । 쪼우한 씨께 많은 친구들이 있습니다.

듣기

हिन्दी वाक्यों को ध्यान से सुनिए ।

힌디어 문장을 주의 깊게 들으시오.

1 क्या मैं आलोक से बात कर सकती हूँ ?

제가(여성) 알록과 말할 수 있을까요?

2 आप कौन बोल रही हैं ?

누구(여성)십니까(누가 말씀하고 계십니까)?

3 ज़रा होल्ड करो, मैं देखता हूँ ।

좀 기다리렴, 내가(남성) 보마.

4 शायद वह अब पुस्तकालय में पढ़ रहा होगा ।

아마 그가 지금 도서관에서 공부하고 있을 거다.

5 मैं दिल्ली पुस्तक मेला जा रही हूँ ।

제가(여성) 델리 도서전시회에 가려고 합니다.

6 मैं आलोक के साथ जाने को सोच रही थी ।

제가(여성) 알록과 함께 가려고 생각하고 있었습니다.

7 तुम मोबाइल फ़ोन पर उससे बात क्यों नहीं कर लेती ?

너(여성) 휴대전화로 그와 왜 이야기해보지 않느냐?

8 मैं मोबाइल फ़ोन पर उससे बात करती हूँ ।

제가 휴대전화로 그와 이야기하겠습니다.

9 क्या आज शाम को तुम्हारे पास समय है ?

오늘 저녁에 네게 시간이 있냐?

10 अच्छा, अब मैं फ़ोन रख रहा हूँ ।

좋아, 이제 내가(남성) 전화 끊는다(수화기를 놓고 있다).

쓰기

कोष्ठक में दिये गये शब्दों से वाक्य बनाइए ।

괄호 안에 주어진 단어로 문장을 만드시오.

1. 제가(여성) 알록과 말할 수 있을까요? (सकती, बात, आलोक, क्या, से, मैं, कर, हूँ)

2. 누구(여성)십니까(누가(여성) 말씀하고 계십니까)? (रही, कौन, आप, हैं, बोल)

3. 좀 기다리렴, 내가(남성) 보마. (देखता, करो, ज़रा, हूँ, मैं, होल्ड)

4. 아마 그가 지금 도서관에서 공부하고 있을 거다.
   (पढ़, पुस्तकालय, वह, शायद, रहा, अब, होगा, में)

5. 제가(여성) 델리 도서전시회에 가려고 합니다. (रही, पुस्तक, मैं, हूँ, दिल्ली, जा, मेला)

6. 제가(여성) 알록과 함께 가려고 생각하고 있었습니다.
   (को, आलोक, मैं, सोच, के साथ, थी, रही, जाने)

7. 너(여성) 휴대전화로 그와 왜 이야기해보지 않느냐?
   (मोबाइल, क्यों, तुम, बात, लेती, नहीं, कर, फ़ोन, पर, उससे)

9 제가(여성) 휴대전화로 그와 이야기하겠습니다.
(उससे, फ़ोन, करती, मैं, बात, हूँ, मोबाइल, पर)

9 오늘 저녁에 네게 시간이 있냐? (शाम, तुम्हारे, क्या, है, समय, को, आज, पास)

10 좋아, 이제 내가(남성) 전화 끊는다(수화기를 놓고 있다).
(मैं, रहा, अच्छा, फ़ोन, हूँ, अब, रख)

연습

कोष्ठक में दिये गये शब्द के अनुरूप वाक्य बदलिए ।

괄호 안에 주어진 단어에 따라 문장을 바꾸시오.

1

आप कौन बोल रही हैं ?

누가(여성) 말씀하고 계십니까?

1 (वह(남성), क्या)

그가(남성) 무엇을 말하고 있습니까?

2 (तुम(여성), कहाँ से)

자네가(여성) 어디에서 말하고 있는가?

3 (मेरे बड़े भाई साहब, क्यों, ज़ोर से 크게)

나의 큰 형님(오빠)께서 왜 크게 말씀하고 계십니까?

4 (वे(여성), कौन-सी *भाषा 언어)

그녀들이 어떤 언어를 말하고 있습니까?

2

तुम आज शाम को कहाँ जा रहे हो ?

자네는(남성) 오늘 저녁에 어디에 갈 것입니까?

1 (वह(남성), पढ़ना)

그가(남성) 오늘 저녁에 어디서 공부할 것입니까?

2 (मैं(여성), खाना खाना)

내가(여성) 오늘 저녁에 어디서 음식을 먹을 것입니까?

3 (मेरे बड़े भाई साहब, भोजन करना)

나의 큰 형님(오빠)이 오늘 저녁에 어디서 식사를 하실 것입니까?

4 (वे(여성존칭), बोलना)

그 여자분이 오늘 저녁에 어디서 말씀하실 것입니까?

3

मैं आलोक के साथ जा रहा था ।

내가(남성) 알록과 함께 가고 있었습니다.

1 (वह(남성), खाना खाना)

그가(남성) 알록과 함께 음식을 먹고 있었습니다.

2 (मैं(여성), काम करना)

내가(여성) 알록과 함께 일하고 있었습니다.

3 (वे लोग, खेलना)

그들이 알록과 함께 놀고 있었습니다.

4 (हम(여성), वापस आना)

우리가(여성) 알록과 함께 돌아오고 있었습니다.

4

शायद वह इस समय वहाँ पढ़ रहा होगा ।

아마 그가 지금 거기서 공부하고 있을 것입니다.

1 (मेरा दोस्त, भोजन करना)

아마 내 친구가 지금 거기서 식사하고 있을 것입니다.

2 (मेरी छोटी *बहन, मकान दिखाना)

아마 내 여동생이 지금 거기서 집을 보여주고 있을 것입니다.

3 (मेरे दो बेटे, घूमना)

아마 내 두 아들이 지금 거기서 관광하고 있을 것입니다.

4 (मेरी *सहेलियाँ, सितार सीखना)

아마도 내 친구(여자)들이 지금 거기서 씨따르를 배우고 있을 것입니다.

5

क्या आपके पास समय है ?

당신께 시간이 있습니까?

1 (तू, पैसे)

네게 돈이 있니?

2 (वह, आज का अख़बार)

그(녀)에게 오늘 자 신문이 있습니까?

3 (वे, वे *किताबें)

그분께 그 책들이 있습니까?

4 (तुम, उसका फ़ोन नम्बर)

자네에게 그(녀)의 전화번호가 있습니까?

회화 테스트

हिन्दी में बोलिए ।

힌디어로 말하시오.

1. 제가(여성) 알록과 말할 수 있을까요?
2. 누구(여성)십니까(누가(여성) 말씀하고 계십니까)?
3. 좀 기다리렴, 내가(남성) 보마.
4. 아마 그가 지금 도서관에서 공부하고 있을 거다.
5. 제가(여성) 델리 도서전시회에 가려고 합니다.
6. 제가(여성) 알록과 함께 가려고 생각하고 있었습니다.
7. 너(여성) 휴대전화로 그와 왜 이야기해보지 않느냐?
8. 제가(여성) 휴대전화로 그와 이야기하겠습니다.
9. 오늘 저녁에 네게 시간이 있냐?
10. 좋아, 이제 내가(남성) 전화 끊는다(수화기를 놓고 있다).

※ 정답은 듣기 참조

단원 평가

ध्यान से सुनिए और ठीक उत्तर चुनिए ।

주의 깊게 듣고 옳은 답을 고르시오.

문제 1-2

बोमिन :

चौहान :

बोमिन :

चौहान :

1 बोमिन क्या कर रही है ?

① बोमिन आलोक को देख रही है ।
② बोमिन फ़ोन पर आलोक से बात कर रही है ।
③ बोमिन चौहान जी को देख रही है ।
④ बोमिन फ़ोन पर चौहान जी से बात कर रही है ।

2 आलोक कहाँ पढ़ रहा होगा ?

① आलोक घर में पढ़ रहा होगा ।
② आलोक दक्षिण कोरिया में पढ़ रहा होगा ।
③ आलोक पुस्तकालय में पढ़ रहा होगा ।
④ आलोक पुस्तक मेला में पढ़ रहा होगा ।

문제 3-4

बोमिन :

चौहान :

3 बोमिन आलोक के साथ क्या करने को सोच रही थी ?

① वह उसके साथ घर जाने को सोच रही थी ।
② वह उसके साथ पुस्तकालय में पढ़ने को सोच रही थी ।
③ वह उसके साथ मोबाइल फ़ोन लेने को सोच रही थी ।
④ वह उसके साथ दिल्ली पुस्तक मेला जाने को सोच रही थी ।

4 बोमिन कहाँ जा रही है ?

① बोमिन चौहान जी के यहाँ जा रही है ।
② बोमिन दिल्ली पुस्तक मेला जा रही है ।
③ बोमिन पुस्तकालय जा रही है ।
④ बोमिन आलोक के घर जा रही है ।

문제 5

चौहान :

बोमिन :

5 चौहान जी अपने परिवार के साथ कब बाहर खाना खा रहे हैं ?

① वे अपने परिवार के साथ आज दोपहर को बाहर खाना खा रहे हैं ।

② वे अपने परिवार के साथ कल दोपहर को बाहर खाना खा रहे हैं ।

③ वे अपने परिवार के साथ कल शाम को बाहर खाना खा रहे हैं ।

④ वे अपने परिवार के साथ आज शाम को बाहर खाना खा रहे हैं ।

12과

आप को क्या तकलीफ़ है ?

당신께 무슨 증상이 있습니까?

학습 목표

- 여격주어
- 여격주어구문(1)
  [여격주어 + (상태, 병, 감정 등의) 추상명사 + होना 동사]

어휘

आराम	휴식, 쉼; 안락
*आवश्यकता	필요, 필요성
*खाँसी	기침
ख़ुश	기쁜, 행복한; 만족한; 건강한
ख़ून	피, 혈액
*चिंता	걱정, 우려; 배려; 사고, 고찰
*जाँच	검사; 조사, 감정(鑑定)
जाड़ा	한기, 오한; 겨울
ज़ुकाम	감기
डॉक्टर	의사(doctor)
*तकलीफ़	고통, 어려움, 불편; 증상
तेज़	날카로운, 예리한; 강렬한
*दवा	약, 의약품; 의료
दर्द	통증, 아픔, 고통; 비애, 연민
प्रिस्क्रिप्शन	처방전(prescription)
फ़्लू	독감(flu)
बढ़ना	크다, 성장하다; 늘다, 증가하다; 연장되다
बदन	몸, 신체, 육체

*बार	시간, 때; 번(番)
बुख़ार	열, 발열; 열중(상태)
महसूस	느껴진; 감지한, 지각한; 경험한
सारा	전부, 온, 모든; 전체의

• 숫자

(एक) सौ	
백(100)	
(एक) हज़ार	दस हज़ार
천(1,000)	만(10,000)
(एक) लाख	दस लाख
십만(1,00,000)	백만(10,00,000)
(एक) करोड़	दस करोड़
천만(1,00,00,000)	억(10,00,00,000)
(एक) अरब	दस अरब
십억(1,00,00,00,000)	백억(10,00,00,00,000)

대화문

डॉक्टर : आपको क्या तकलीफ़ है ?

의사: 당신께 무슨 불편함(증상)이 있습니까?

हुसैन : डॉक्टर साहब, मुझे तेज़ बुख़ार है ।

후세인: 의사선생님, 저는 심한 열이 있습니다.

डॉक्टर : क्या आपको दर्द भी महसूस हो रहा है ?

의사: 당신은 통증도 느끼고 계십니까?

हुसैन : जी, डॉक्टर साहब, सारे बदन में दर्द हो रहा है ।

후세인: 네, 의사선생님, 온 몸에 통증이 있습니다.

डॉक्टर : क्या आपको खाँसी भी है ?

의사: 당신은 기침도 하십니까(당신께 기침도 있습니까)?

हुसैन : दिन में तो ठीक रहती है, लेकिन रात को खाँसी बढ़ जाती है ।

후세인: 낮에는 (내내) 괜찮습니다, 그러나 밤에 기침이 심해집니다.

डॉक्टर : और क्या आपको जाड़ा भी लगता है ?

의사: 그리고 당신은 오한도 느끼십니까?

हुसैन : जी हाँ, मुझे जाड़ा भी लगता है ।

후세인: 네, 저는 오한도 느낍니다.

डॉक्टर : आपको बहुत ज़ुकाम है ।

의사: 당신은 심한 감기에 걸리셨습니다(당신께 심한 감기가 있습니다).

हुसैन : फ़्लू तो नहीं है ?

후세인: 독감은 아닐까요?

ख़ून की जाँच तो नहीं करनी होगी ?

혈액 검사는 하지 않아도 될까요?

डॉक्टर : नहीं, ठीक है ।

의사: 아니요, 괜찮습니다.

यह प्रिस्क्रिप्शन ले जाइए और दवा लीजिए ।

이 처방전을 가져 가십시오 그리고 약을 드십시오.

हुसैन : मुझे यह दवा कैसे लेनी है ?

후세인: 제가 이 약을 어떻게 복용해야 합니까?

डॉक्टर : आपको एक दिन में तीन बार, खाना खाने के तुरन्त बाद लेनी है ।

의사: 당신은 하루 세 번, 음식 먹은 직후에 드셔야 합니다.

आपको आराम करने की आवश्यकता है ।

당신은 휴식을 취할 필요성이 있습니다.

सब ठीक हो जाएगा ।

모두 괜찮아질 것입니다.

चिंता न कीजिए !

걱정하지 마세요!

ख़ुश रहिए !

행복하세요!

문법

1 여격주어

여격 후치사 को를 주어에서 취하는 것을 여격주어라고 합니다.

1) 여격주어는 능동적이지 않고 수동적으로 나타나는 상황을 표현합니다.

2) 주어의 (대)명사가 후치사 को의 영향으로 사격 형태를 취합니다.

(1) 명사의 여격 형태를 표로 보면 아래와 같습니다.

성 \ 격 \ 수		단수		복수	
		직격	여격 후치사 को	직격	여격 후치사 को
남성	-आ로 끝나는 명사	लड़का	लड़के को	लड़के	लड़कों को
	-आ로 끝나지 않는 명사	छात्र	छात्र को	छात्र	छात्रों को
여성	-ई로 끝나는 명사	लड़की	लड़की को	लड़कियाँ	लड़कियों को
	-ई로 끝나지 않는 명사	छात्रा	छात्रा को	छात्राएँ	छात्राओं को

(2) 대명사의 경우 9과에서 본 대명사의 사격 형태에 को를 첨가하면 됩니다.

성 · 수에 따른 대명사의 여격 형태를 표로 보면 아래와 같습니다.

종류 \ 수 / 격	단수		복수	
	직격	사격 + को → 여격 = 축약형	직격	사격 + को → 여격 = 축약형
1인칭대명사	मैं	मुझ + को → मुझको = मुझे	हम	हम + को → हमको = हमें
2인칭대명사	तू	तुझ + को → तुझको = तुझे	तुम	तुम + को → तुमको = तुम्हें
			आप	आप + को → आपको
3인칭·지시대명사	वह	उस + को → उसको = उसे	वे	उन + को → उनको = उन्हें
	यह	इस + को → इसको = इसे	ये	इन + को → इनको = इन्हें
의문대명사	क्या	किस + को → किसको = किसे	क्या	किन + को → किनको = किन्हें
	कौन		कौन	
부정대명사	कोई	किसी + को → किसी को	कोई-कोई	किन्हीं + को → किन्हीं को

☑ 일반적으로 여격의 축약형이 사용됩니다.

3) 주어부(主語部)에 후치사 को가 오기 때문에 동사는 목적어의 성 · 수에 일치합니다.

आपको खाँसी भी थी । 당신께서 기침도 하셨었습니다.

मुझे(= मुझको) बहुत ज़ुकाम था । 내가 심한 감기에 걸렸었습니다.

2 여격주어구문(1)

1) 여격주어구문은 크게 4가지 유형으로 나누어볼 수 있습니다.

이 과에서는 먼저 [여격주어 + (상태, 병, 감정 등의) 추상명사 + होना 동사]의 문형을 익힙니다. 이 구문은 느낌이나 상태, 병, 감정 등을 표현할 때 사용됩니다.

आपको क्या तकलीफ़ है ? 당신께 무슨 불편함이 있습니까?

क्या तुम्हें(=तुमको) कोई परेशानी थी ? 자네는 어떤 괴로움이 있었나?

मुझे(= मुझको) बहुत ज़ुकाम था । 나는 심한 감기에 걸렸었습니다.

उसे(=उसको) बुख़ार था । 그(녀)가 열이 있었습니다.

उन्हें(=उनको) अपने देश से प्रेम है । [देश 나라, 국가, प्रेम 사랑]

그분께 조국에 대한 사랑이 있습니다.

☑ 동사는 추상명사(의미상 목적어)의 성에 일치합니다.

듣기

हिन्दी वाक्यों को ध्यान से सुनिए ।

힌디어 문장을 주의 깊게 들으시오.

1 आपको क्या तकलीफ़ है ?

당신께 무슨 불편함(증상)이 있습니까?

2 क्या आपको दर्द भी महसूस हो रहा है ?

당신은 통증도 느끼고 계십니까?

3 क्या आपको खाँसी भी है ?

당신은 기침도 하십니까(당신께 기침이 있습니까)?

4 दिन में तो ठीक रहती है, लेकिन रात को खाँसी बढ़ जाती है ।

낮에는 (내내) 괜찮습니다 그러나 밤에 기침이 심해집니다.

5 क्या आपको जाड़ा भी लगता है ?

당신은 오한도 느끼십니까?

6 आपको बहुत ज़ुकाम है ।

당신은 심한 감기에 걸리셨습니다(당신께 심한 감기가 있습니다).

7 मुझे ख़ून की जाँच नहीं करनी होगी ?

제가 혈액 검사를 하지 않아도 될까요?

8 मुझे यह दवा कैसे लेनी है ?

제가 이 약을 어떻게 복용해야 합니까?

9 आपको एक दिन में तीन बार, खाना खाने के तुरन्त बाद दवा लेनी है ।

당신은 하루 세 번, 음식 먹은 직후에 약을 드셔야 합니다.

10 आपको आराम करने की आवश्यकता है ।

당신은 휴식을 취할 필요성이 있습니다.

쓰기

कोष्ठक में दिये गये शब्दों से वाक्य बनाइए ।

괄호 안에 주어진 단어로 문장을 만드시오.

1. 당신께 무슨 불편함(증상)이 있습니까? (तकलीफ़, को, क्या, है, आप)

2. 당신은 통증도 느끼고 계십니까? (को, है, भी, महसूस, आप, हो, क्या, दर्द, रहा)

3. 당신은 기침도 하십니까(당신께 기침도 있습니까)? (भी, को, आप, खाँसी, क्या, है)

4. 낮에는 (내내) 괜찮습니다. 그러나 밤에 기침이 심해집니다.
(में, ठीक, लेकिन, जाती, खाँसी, है, को, बढ़, रात, दिन, रहती, तो, है)

5. 당신은 오한도 느끼십니까? (लगता, क्या, जाड़ा, को, है, भी, आप)

6. 당신은 심한 감기에 걸리셨습니다(당신께 심한 감기가 있습니다).
(ज़ुकाम, बहुत, है, को, आप)

7. 제가 혈액 검사를 하지 않아도 될까요? (करनी, की, मुझे, नहीं, जाँच, ख़ून, होगी)

8 제가 이 약을 어떻게 복용해야 합니까? (लेनी, मुझे, कैसे, दवा, है, यह)

9 당신은 하루 세 번, 음식 먹은 직후에 약을 드셔야 합니다.
(तुरन्त, बार, दिन, दवा, आपको, के, है, एक, खाना, बाद, खाने, तीन, में, लेनी)

10 당신은 휴식을 취할 필요성이 있습니다.
(आराम, आवश्यकता, को, आप, की, है, करने)

연습

कोष्ठक में दिये गये शब्द के अनुरूप वाक्य बदलिए ।

괄호 안에 주어진 단어에 따라 문장을 바꾸시오.

1

क्या आपको खाँसी है ?

당신이 기침을 하십니까(당신께 기침이 있습니까)?

1. (तुम)

   자네가 기침을 하는가(자네에게 기침이 있나)?

2. (तू)

   네가 기침을 하니(네게 기침이 있니)?

3. (आप का बेटा)

   당신의 아들이 기침을 합니까(당신의 아들에게 기침이 있습니까)?

4. (वह(여성))

   그녀가 기침을 합니까(그녀에게 기침이 있습니까)?

2

क्या आपको तकलीफ़ है ?

당신께 불편함(증상)이 있습니까?

1 (वे, *खाँसी)

그분이 기침을 하십니까(그분께 기침이 있습니까)?

2 (मैं, बुख़ार)

나에게 열이 있습니까?

3 (हम, ज़ुकाम)

우리가 감기에 걸렸습니까(우리에게 감기가 있습니까)?

4 (मेरा भाई, पैसों की *ज़रूरत 필요, 필요성)

나의 남자형제에게 돈의 필요성이 있습니까?

3

क्या आपको तकलीफ़ थी ?

당신께 불편함(증상)이 있었습니까?

1 (ये, *खाँसी)

이분이 기침을 하셨습니까(이분께 기침이 있었습니까)?

2 (तू, बुख़ार)

너에게 열이 있었니?

3 (तुम, ज़ुकाम)

자네가 감기에 걸렸었나(자네에게 감기가 있었는가)?

4 (हम, पैसों की *ज़रूरत)

우리에게 돈의 필요성이 있었습니까?

4

क्या मुझे(= मुझको) ख़ून की जाँच करनी होगी ?

제가 혈액 검사를 해야 할까요?

1 (हम, वह काम)

우리가 그 일을 해야 할까요?

2 (वह, आप की *प्रतीक्षा 기다림)

그(녀)가 당신을 기다려야 할까요?

3 (आप, आराम)

당신이 휴식을 취하셔야 할까요?

4 (वे लोग, भोजन)

그들이 식사해야 할까요?

5

हुसैन साहब आजकल ठीक रहते हैं।

후세인 선생님이 요즘 괜찮으십니다.

1 (मैं(남성), ख़ुश)

내가(남성) (늘) 행복합니다.

2 (मेरी माता जी, स्वस्थ 건강한)

어머니가 (늘) 건강하십니다.

3 (ये कमरे, बन्द 닫힌)

이 방들이 (늘) 닫혀 있습니다.

4 (वह *दुकान, खुला 열린)

그 상점이 (늘) 열려 있습니다.

회화 테스트

हिन्दी में बोलिए ।

헌디어로 말하시오.

1. 당신께 무슨 불편함(증상)이 있습니까?
2. 당신은 통증도 느끼고 계십니까?
3. 당신은 기침도 하십니까(당신께 기침도 있습니까)?
4. 낮에는 (내내) 괜찮습니다. 그러나 밤에 기침이 심해집니다.
5. 당신은 오한도 느끼십니까?
6. 당신은 심한 감기에 걸리셨습니다(당신께 심한 감기가 있습니다).
7. 제가 혈액 검사를 하지 않아도 될까요?
8. 제가 이 약을 어떻게 복용해야 합니까?
9. 당신은 하루 세 번, 음식 먹은 직후에 약을 드셔야 합니다.
10. 당신은 휴식을 취할 필요성이 있습니다.

※ 정답은 듣기 참조

단원 평가

ध्यान से सुनिए और ठीक उत्तर चुनिए ।

주의 깊게 듣고 옳은 답을 고르시오.

문제 1

डॉक्टर :

हुसैन :

डॉक्टर :

हुसैन :

1 हुसैन साहब को कैसा बुख़ार है ?

① उन्हें(= उनको) अच्छा बुख़ार है ।

② उन्हें(= उनको) ठीक बुख़ार है ।

③ उन्हें(= उनको) तेज़ बुख़ार है ।

④ उन्हें(= उनको) थोड़ा बुख़ार है ।

문제 2-3

डॉक्टर :

हुसैन :

डॉक्टर :

हुसैन :

डॉक्टर :

2 हुसैन साहब को क्या हुआ है ?

① उन्हें(= उनको) फ़्लू है ।
② उन्हें(= उनको) बहुत ज़ुकाम है ।
③ उन्हें(= उनको) ख़ून की आवश्यकता है ।
④ उन्हें(= उनको) ख़ून की जाँच की आवश्यकता है ।

3 हुसैन साहब को क्या नहीं करना होगा ?

① उन्हें(= उनको) डॉक्टर की प्रतीक्षा नहीं करनी होगी ।
② उन्हें(= उनको) बहुत काम नहीं करना होगा ।
③ उन्हें(= उनको) आराम नहीं करना होगा ।
④ उन्हें(= उनको) ख़ून की जाँच नहीं करनी होगी ।

문제 4-5

हुसैन :

डॉक्टर :

4 हुसैन साहब को दिन में कितनी बार दवा लेनी है ?

① उन्हें(= उनको) दिन में दो बार दवा लेनी है ।
② उन्हें(= उनको) दिन में तीन बार दवा लेनी है ।
③ उन्हें(= उनको) दिन में चार बार दवा लेनी है ।
④ उन्हें(= उनको) दिन में पाँच बार दवा लेनी है ।

5 हुसैन साहब को क्या करने की आवश्यकता है ?

① उन्हें(= उनको) आराम करने की आवश्यकता है ।
② उन्हें(= उनको) काम करने की आवश्यकता है ।
③ उन्हें(= उनको) ख़ून की जाँच करने की आवश्यकता है ।
④ उन्हें(= उनको) चिंता करने की आवश्यकता है ।

13과

कौन-सी किताब चाहिए ?

어떤 종류의 책이 필요합니까?

학습 목표

- 여격주어구문(2)
  [여격주어 + 사물 + चाहिए]
- 직격주어 + 부정사 + चाहना 동사 문형

어휘

*किताब	책
कोश	사전; 저장고, 금고
कौन-सा	어떤, 무슨; 어떤 종류의 (여러 가능성과 선택의 존재를 강조할 때 사용)
चाहना	원하다, 바라다; 꾀하다; 좋아하다; 필요로 하다, 구하다
जीवन	생명; 삶; 인생; 생애, 일생; 수명
दर्शन	봄; 알현; 철학, 사상; 사색
दुकानदार	가게주인
दूसरा	두 번째; 다음; 다른
धम्मा	불법(佛法). धर्म(다르마, 법(法))의 팔리(Pali)어
नामक	(~라는) 이름의, (~라고) 불리는
बुद्ध	깨달은, 각성한; 붓다, 부처
महँगा	비싼, 고가의

• 서수

पहला	दूसरा	तीसरा	चौथा	पाँचवाँ
첫 번째	두 번째	세 번째	네 번째	다섯 번째
छठा	सातवाँ	आठवाँ	नौवाँ	दसवाँ
여섯 번째	일곱 번째	여덟 번째	아홉 번째	열 번째

☑ सातवाँ 이후는 기수에 -वाँ을 첨가하면 서수가 됩니다.

대화문

बोमिन : आलोक, तुम पुस्तकालय में क्या पढ़ रहे थे ?

보민: 알록, 너는 도서관에서 무엇을 읽고 있었니?

आलोक : मैं *डॉ. अम्बेडकर: जीवन और दर्शन* नामक पुस्तक पढ़ रहा था ।

알록: 나는 『암베드까르 박사: 삶과 사상』이라는 이름의 책을 읽고 있었어.

मैं उनकी दूसरी पुस्तक *बुद्ध और धम्मा* भी पढ़ना चाहता हूँ ।

나는 그분의 다른 책 『붓다와 불법』도 읽기 원해.

बोमिन : क्या तुम्हारे पास वह किताब है ?

보민: 네가 그 책을 가지고 있어?

आलोक : नहीं, मेरे पास नहीं है ।

알록: 아니, 내게 없어.

मैं ख़रीदना चाहता हूँ ।

나는 사고 싶어.

बोमिन : तुम्हें और कौन-सी किताब चाहिए ?

보민: 너는 다른 어떤 종류의 책이 필요하니?

आलोक : बस, मुझे और कोई पुस्तक नहीं चाहिए ।

알록: 됐어, 나는 다른 어떤 책이 필요하지 않아.

तुम्हें कौन-कौन-सी पुस्तकें चाहिए ?

너는 어떤 종류의 책들이 필요하니?

बोमिन : मुझे एक अच्छा हिन्दी-हिन्दी कोश चाहिए ।

보민: 나는 좋은 힌디어-힌디어 사전 한 권이 필요해.

आलोक : अच्छा, पहले तो हिन्दी पुस्तकों के स्टॉल देखते हैं ।
알록: 그래, 먼저 힌디어 책 판매부스를 보자.

पुस्तकों के एक स्टॉल पर
한 책 판매부스에서

बोमिन : क्या आप के पास कोई अच्छा हिन्दी-हिन्दी कोश है ?
보민: 당신은 어떤 좋은 힌디어-힌디어 사전을 가지고 계십니까?

दुकानदार : हाँ, बहुत हैं ।
가게주인: 네, 많이 있지요.

यह देखिए, वह भी देखिए !
이것을 보십시오, 저것도 보십시오.

यह कोश उस कोश से महँगा है, लेकिन अच्छा है ।
이 사전이 저 사전보다 비쌉니다, 그러나 좋습니다.

यह कोश सब से अच्छा है ।
이 사전이 가장 좋습니다.

बोमिन : तो यह कोश दीजिए ।
보민: 그럼 이 사전을 주십시오.

आलोक, अब तुम्हारी किताब देखने चलते हैं !
알록, 이제 네 책을 보러 가자!

☑ 대화문에 나온 'यह कोश उस कोश से महँगा है ।'처럼 비교의 대상 뒤에 후치사 से를 첨가하여 비교급을, 'यह कोश सब से अच्छा है ।'처럼 비교의 대상을 전체로 하여 सब से(모두보다)를 형용사나 부사 앞에 첨가하여 최상급을 표현합니다.

☑ 'तुम्हारी किताब देखने चलते हैं ।'에 나오는 [부정사의 사격 + 이동동사]는 목적, 의도 등을 나타냅니다.

문법

1 여격주어구문(2)

1) 이 과에서는 여격주어구문의 2번째 유형으로 [여격주어 + 사물을 가리키는 (대)명사 + चाहिए] 문형을 익힙니다.

2) चाहिए는 '기대되다', '필요하다', '정당하다', '옳다'라는 의미를 가진 불변화사로 여격주어와 함께 사용되어 사물의 필요함, 또는 행위의 필요성, 당위성, 정당성을 표현합니다. 여기에서는 사물의 필요함을 표현하는 여격주어구문을 공부합니다.

तुम्हें(= तुमको) कौन-सी किताब चाहिए ? 자네가(네가) 어떤 종류의 책이 필요한가?
मुझे(= मुझको) कुछ नहीं चाहिए । 나는 아무 것도 필요하지 않습니다.

3) चाहिए 뒤에 होना 동사가 와서 과거와 미래의 시제를 나타낼 수 있습니다. 이 때 होना 동사는 사물을 가리키는 (대)명사의 성과 수에 일치합니다.

मुझे(= मुझको) एक अच्छा हिन्दी-हिन्दी कोश चाहिए था ।
내가 좋은 힌디어-힌디어 사전 한 권이 필요했었습니다.
मुझे(= मुझको) एक अच्छी किताब चाहिए थी । 내가 좋은 책 한 권이 필요했었습니다.
अब पैसा ट्रांसफ़र के लिए खाता नंबर नहीं चाहिए होगा । [पैसा ट्रांसफर 송금, खाता 계좌]
이제 돈을 보내기 위해 계좌 번호가 필요하지 않을 것입니다.

2 [직격주어 + 동사의 부정사 + चाहना 동사]

1) चाहना 동사의 1차적 의미는 '원하다', '바라다' 등인데, '~하기를 원한다', '~하고 싶다'라고 바람을 능동적으로 표현할 때 [직격주어 + 동사의 부정사 + चाहना 동사] 문형을 사용합니다.

मैं वह पुस्तक ख़रीदना चाहता/*चाहती हूँ । 내가 그 책을 사기를 원합니다.

2) 이 문형은 모든 시제에 올 수 있습니다. 과거시제에서는 과거 시점에서 바람이 실현되지 않았음을 나타내기도 합니다.

मेरी बेटी डॉक्टर बनना चाहती है । 내 딸이 의사가 되기를 원합니다.
मैं वह किताब पढ़ना चाहूँगा/*चाहूँगी । 내가 그 책을 읽고 싶을 것입니다.
हमने आराम करना चाहा । 우리가 휴식하기를 원했습니다.

3) 부정어는 부정사 앞에 오기도 하고 चाहना 동사 앞에 오기도 합니다.

मैं वह किताब नहीं पढ़ना चाहता/*चाहती । 내가 그 책을 안 읽고 싶습니다.
मैं वह किताब पढ़ना नहीं चाहता/*चाहती । 내가 그 책을 읽고 싶지 않습니다.

듣기

हिन्दी वाक्यों को ध्यान से सुनिए ।

힌디어 문장을 주의 깊게 들으시오.

1 मैं *डॉ. अम्बेडकार: जीवन और दर्शन* नामक पुस्तक पढ़ रहा था ।

나는 『암베드까르 박사: 삶과 사상』이라는 이름의 책을 읽고 있었어.

2 मैं उनकी दूसरी पुस्तक *बुद्ध और धम्मा* भी पढ़ना चाहता हूँ ।

나는 그분의 다른 책 『붓다와 불법』 도 읽기 원해.

3 मैं वह पुस्तक ख़रीदना चाहता हूँ ।

나는 그 책을 사고 싶어.

4 तुम्हें और कौन-सी किताब चाहिए ?

너는 다른 어떤 종류의 책이 필요하니?

5 मुझे और कोई पुस्तक नहीं चाहिए ।

나는 다른 어떤 책이 필요하지 않아.

6 मुझे एक अच्छा हिन्दी-हिन्दी कोश चाहिए ।

나는 좋은 힌디어-힌디어 사전 한 권이 필요해.

7 क्या आप के पास कोई अच्छा हिन्दी-हिन्दी कोश है ?

당신은 어떤 좋은 힌디어-힌디어 사전을 가지고 계십니까?

8 यह कोश उस कोश से महँगा है, लेकिन अच्छा है ।

이 사전이 저 사전보다 비쌉니다, 그러나 좋습니다.

9 यह कोश सब से अच्छा है ।

이 사전이 가장 좋습니다.

10 तो यह कोश दीजिए ।

그럼 이 사전을 주십시오.

쓰기

कोष्ठक में दिये गये शब्दों से वाक्य बनाइए ।

괄호 안에 주어진 단어로 문장을 만드시오.

1. 나는 『암베드까르 박사: 삶과 사상』이라는 이름의 책을 읽고 있었어.
(पढ़, *डॉ. अम्बेडकार: जीवन और दर्शन*, पुस्तक, रहा, मैं, था, नामक)

2. 나는 그분의 다른 책 『붓다와 불법』 도 읽기 원해.
(दूसरी, भी, मैं, हूँ, पढ़ना, उनकी, *बुद्ध और धम्मा*, पुस्तक, चाहता)

3. 나는 그 책을 사고 싶어. (पुस्तक, वह, चाहता, ख़रीदना, हूँ, मैं)

4. 너는 다른 어떤 종류의 책이 필요하니? (किताब, चाहिए, तुम्हें, और, कौन-सी)

5. 나는 다른 어떤 책이 필요하지 않아. (कोई, नहीं, और, चाहिए, मुझे, पुस्तक)

6. 나는 좋은 힌디어-힌디어 사전 한 권이 필요해.
(हिन्दी-हिन्दी, एक, मुझे, कोश, अच्छा, चाहिए)

7. 당신은 어떤 좋은 힌디어-힌디어 사전을 가지고 계십니까?
(कोई, कोश, क्या, हिन्दी-हिन्दी, के पास, आप, है, अच्छा)

8 이 사전이 저 사전보다 비쌉니다, 그러나 좋지요.
(लेकिन, कोश, कोश, है, अच्छा, महँगा, यह, उस, है, से)

9 이 사전이 가장 좋습니다. (कोश, अच्छा, सब, यह, है, से)

10 그럼 이 사전을 주십시오. (कोश, तो, दीजिए, यह)

연습

कोष्ठक में दिये गये शब्द के अनुरूप वाक्य बदलिए ।

괄호 안에 주어진 단어에 따라 문장을 바꾸시오.

1

मुझे(= मुझको) और कोई पुस्तक नहीं चाहिए ।

나는 다른 어떤 책이 필요하지 않습니다.

1. (वह)

   그(녀)는 다른 어떤 책이 필요하지 않습니다.

2. (वे)

   그분은 다른 어떤 책이 필요하지 않으십니다.

3. (हम)

   우리는 다른 어떤 책이 필요하지 않습니다.

4. (तू)

   너는 다른 어떤 책이 필요하지 않네.

2

आपको कौन-सी किताब चाहिए थी?

당신은 어떤 종류의 책이 필요했었습니까?

1 (मैं, अख़बार)

나는 어떤 종류의 신문이 필요했었습니까?

2 (तुम, *घड़ी)

자네는 어떤 종류의 시계가 필요했었는가?

3 (हम, चित्र(복수))

우리는 어떤 종류의 그림들이 필요했었습니까?

4 (ये, *पुस्तकें)

이분은 어떤 종류의 책들이 필요했었습니까?

3

मैं वह पुस्तक ख़रीदना चाहता हूँ ।

나는(남성) 그 책을 사기를 원합니다.

1 (मैं(여성), तुम्हारे यहाँ आना)

나는(여성) 자네 집에 가기를 원하네.

2 (तुम(남성), भोजन करना)

자네는(남성) 식사를 하기를 원하네.

3 (मेरी छोटी *बहन, हिन्दी सीखना)

나의 여동생은 힌디어를 배우기를 원합니다.

4 (वे लोग(남성), पैदल जाना)

그들은(남성) 걸어서 가기를 원합니다.

4

मैं आज का अख़बार पढ़ना चाहता हूँ ।

나는 오늘자 신문을 읽기를 원합니다.

1 (तू(남성), (과거미완료))

너는 오늘자 신문을 읽기를 원했었다.

2 (हम(남성), (미래))

우리는 오늘자 신문을 읽기를 원할 것입니다.

3 (वह(여성), (단순완료))

그녀는 오늘자 신문을 읽기를 원했습니다.

4 (मेरी माता जी, (현재진행))

나의 어머니는 오늘자 신문을 읽기를 원하고 계십니다.

5

यह कोश उस कोश से महँगा है ।

이 사전이 저 사전보다 비쌉니다.

1 (कमरा, बड़ा)

이 방이 저 방보다 큽니다.

2 (भोजन, स्वादिष्ट)

이 음식이 저 음식보다 맛있습니다.

3 (*किताब, अच्छा)

이 책이 저 책보다 좋습니다.

4 (*साड़ी 사리(인도 여성 전통의상), सुन्दर)

이 사리가 저 사리보다 아름답습니다.

회화 테스트

हिन्दी में बोलिए ।

헌디어로 말하시오.

1 나는 『암베드까르 박사: 삶과 사상』이라는 이름의 책을 읽고 있었어.

2 나는 그분의 다른 책 『붓다와 불법』도 읽기 원해.

3 나는 그 책을 사고 싶어.

4 너는 다른 어떤 종류의 책이 필요하니?

5 나는 다른 어떤 책이 필요하지 않아.

6 나는 좋은 힌디어-힌디어 사전 한 권이 필요해.

7 당신은 어떤 좋은 힌디어-힌디어 사전을 가지고 계십니까?

8 이 사전이 저 사전보다 비쌉니다, 그러나 좋지요.

9 이 사전이 가장 좋습니다.

10 그럼 이 사전을 주십시오.

※ 정답은 듣기 참조

단원 평가

ध्यान से सुनिए और ठीक उत्तर चुनिए ।

주의 깊게 듣고 옳은 답을 고르시오.

문제 1-2

बोमिन :

आलोक :

बोमिन :

आलोक :

1 आलोक *डॉ. अम्बेडकर: जीवन और दर्शन* कहाँ पढ़ रहा था ?

① वह पुस्तकालय में *डॉ. अम्बेडकर: जीवन और दर्शन* पढ़ रहा था ।

② वह बोमिन के पास *डॉ. अम्बेडकर: जीवन और दर्शन* पढ़ रहा था ।

③ वह घर में *डॉ. अम्बेडकर: जीवन और दर्शन* पढ़ रहा था ।

④ वह पुस्तक-मेले में *डॉ. अम्बेडकर: जीवन और दर्शन* पढ़ रहा था ।

2 आलोक कौन-सी पुस्तक ख़रीदना चाहता है ?

① वह *डॉ. अम्बेडकर: जीवन और दर्शन* ख़रीदना चाहता है ।
② वह *बुद्ध और धम्मा* ख़रीदना चाहता है ।
③ वह कोई पुस्तक ख़रीदना नहीं चाहता ।
④ वह कुछ पुस्तकें ख़रीदना चाहता है ।

문제 3

आलोक :

बोमिन :

आलोक :

3 बोमिन को क्या चाहिए ?

① उसे(= उसको) कुछ नहीं चाहिए ।
② उसे(= उसको) पुस्तकों का स्टॉल चाहिए ।
③ उसे(= उसको) हिन्दी-हिन्दी कोश चाहिए ।
④ उसे(= उसको) कुछ पुस्तकें चाहिए ।

문제 4-5

बोमिन :

दुकानदार :

बोमिन :

4 बोमिन कैसा कोश ख़रीदना चाहती है ?

① वह महँगा कोश ख़रीदना चाहती है ।

② वह अच्छा कोश ख़रीदना चाहती है ।

③ वह सब से महँगा कोश ख़रीदना चाहती है ।

④ वह सब से अच्छा कोश ख़रीदना चाहती है ।

5 आलोक और बोमिन क्या करने चलेंगे ?

① वे लोग हिन्दी-हिन्दी कोश देखने चलेंगे ।

② वे लोग सब से अच्छी पुस्तक लेने चलेंगे ।

③ वे लोग *बुद्ध और धम्मा* देखने चलेंगे ।

④ वे लोग *बुद्ध और धम्मा* पढ़ने चलेंगे ।

14과

कितने बजे तक पहुँचना चाहिए ?

몇 시까지 도착해야만 합니까?

학습 목표

- 여격주어구문(3)
  [여격주어 + 부정사 + होना 동사 / चाहिए/ पड़ना 동사]

어휘

क्योंकि	왜냐하면
चाँदनी चौक	짠드니 쪼우끄 (지명) [**चाँदनी** 달빛, **चौक** 4각형, 시내 중심 광장(상점가)]
ट्रैफ़िक जाम	교통 체증(traffic jam)
डिनर	저녁식사; 만찬(dinner)
पड़ना	떨어지다, 넘어지다; (우연히) 일어나다, 발생하다; 위치하다
परिवार	가족, 가정; 세대; 일가
बदलना	바뀌다, 변하다, 달라지다; 바꾸다, 변화시키다
राजीव चौक	라지브 쪼우끄 (지명) [**राजीव** 연꽃이라는 뜻으로 라지브 간디(Rajiv Gandhi, 1944-1991)의 이름에서 따옴]
रेस्तराँ	식당(restaurant)
स्टेशन	(기차나 지하철 따위의) 역(station)

대화문

आलोक : मेरे परिवार के लोग बाहर डिनर करने वाले हैं ।

알록: 우리(내) 가족들이 밖에서 저녁식사를 할 거야.

तुम साथ चलो !

너 같이 가자!

बोमिन : हाँ, अंकल जी ने मुझे बुलाया है ।

보민: 응, 아저씨가 나를 부르셨어.

आलोक : हुसैन साहब को आना था, लेकिन वे नहीं आ सकेंगे ।

알록: 후세인 선생님이 오시기로 했었어, 그러나 그분은 오시지 못할 거야.

बोमिन : क्यों ?

보민: 왜?

आलोक : क्योंकि उन्हें बहुत ज़ुकाम है ।

알록: 왜냐하면 그분은 심한 감기에 걸리셨거든.

बोमिन : आलोक, हमें कैसे जाना होगा ?

보민: 알록, 우리가 어떻게 가야 할까?

आलोक : हमें मेट्रो से जाना होगा ।

알록: 우리는 전철로 가야 할 거야.

बोमिन : हम लोगों को कौन-सी लाइन लेनी चाहिए ?

보민: 우리들은 어떤 선을 타야만 하니?

आलोक : हम लोगों को ब्लू लाइन से राजीव चौक स्टेशन तक जाना होगा;
फिर वहाँ येलो लाइन लेनी चाहिए ।

알록: 우리들은 파란 선으로 라지브 쪼우끄 역까지 가야 할 거야,
다시 거기서 노란 선을 타야만 해.

बोमिन : अरे ! हम लोगों को लाइन बदलनी पड़ेगी ?

보민: 에구! 우리들은 환승하지 않을 수 없는 거니?

आलोक : हाँ । यहाँ से चाँदनी चौक स्टेशन तक कोई लाइन सीधे नहीं जाती ।

알록: 응, 여기에서 짠드니 쪼우끄 역까지 어떤 선도 곧장 운행하지 않아.

बोमिन : हम लोगों को कितने बजे तक रेस्तराँ में पहुँचना चाहिए ?

보민: 우리들이 몇 시까지 식당에 도착해야만 하니?

आलोक : आठ बजे तक ।

알록: 8시까지.

इस समय बड़ा ट्रैफ़िक जाम होता है ।

이 시간에(지금) 심한 교통 체증이 있어.

इसलिए हम लोगों को मेट्रो से जाना पड़ेगा ।

그래서 우리들은 전철로 가지 않을 수 없을 거야.

बोमिन : अच्छा, ठीक है ।

보민: 좋아, 괜찮아.

चलो, मेट्रो से ।

가자, 전철로.

문법

1 여격주어구문(3)

이 과에서는 여격주어구문의 3번째 유형으로 [여격주어 + 부정사 + होना 동사/ चाहिए/ पड़ना 동사] 문형을 익힙니다.

1) 여격주어에 부정사와 होना 동사, चाहिए 또는 पड़ना 동사를 함께 사용해서 부정사(본동사)가 가리키는 행위의 필요성, 당위성, 필연성을 나타냅니다. होना 동사보다 चाहिए가, चाहिए보다 पड़ना 동사가 그 행위의 필요성, 당위성, 필연성을 더 강하게 표현합니다.

2) [여격주어 + 부정사 + होना 동사]

(1) 이 문형은 본동사(부정사)가 가리키는 행위의 필요성, 당위성, 필연성 등을 가볍게 표현합니다.

(2) होना 동사의 현재형이 오면 가까운 미래, होना 동사의 과거형이 오면 과거의 사실이나 과거에 행하지 않은 사실의 서술, होना 동사의 미래형이 오면 미래 행위의 서술 또는 추정을 나타냅니다.

हमें(= हमको) मेट्रो से जाना है । 우리가 전철로 가야 합니다.
हुसैन साहब को आना था । 후세인 선생님이 오시기로 했었습니다.
हमें(= हमको) कैसे जाना होगा ? 우리가 어떻게 가야 할 것입니까?

(3) 타동사의 부정사가 목적어와 함께 오는 경우, 부정사와 होना 동사는 목적어의 성 · 수에 일치합니다.

मुझे(= मुझको) यह किताब पढ़नी थी । 내가 이 책을 읽어야 했습니다.
तुझे(= तुझको) दो पत्र पढ़ने थे । 네가 편지 두 통을 읽어야 했다.

3) [여격주어 + 부정사 + चाहिए]

(1) 이 문형에서 चाहिए는 '정당하다', '옳다', '당연하다'라는 의미의 불변화사로 본동사(부정사)가 가리키는 행위의 필요성, 당위성, 필연성을 강하게 표현합니다. 여기에는 자의지가 포함되어 있습니다.

(2) चाहिए 뒤에 होना 동사의 과거형이 오면 과거에 행하지 않은 것에 대한 표현일 가능성이 높습니다. होना 동사의 미래형이 오면 미래 행위의 서술 또는 추정을 나타낼 수 있습니다.

हम लोगों को कितने बजे तक पहुँचना चाहिए ?

우리들이 몇 시까지 도착해야만 하나요?

हम लोगों को कितने बजे तक पहुँचना चाहिए था ?

우리들이 몇 시까지 도착했어야만 했습니까?

अब पैसा ट्रांसफ़र के लिए खाता नंबर नहीं देना चाहिए होगा ।

이제 돈을 보내기 위해 계좌 번호를 주지 않아도 될 것입니다.

(3) 타동사의 부정사가 목적어와 함께 오는 경우, 부정사와 चाहिए 뒤에 오는 होना 동사는 목적어의 성・수에 일치합니다.

हम लोगों को कौन-सी लाइन लेनी चाहिए ? 우리들이 어떤 선을 타야만 합니까?

हम लोगों को कौन-सी लाइन लेनी चाहिए थी ? 우리들이 어떤 선을 탔어야만 했습니까?

4) [여격주어 + 부정사 + पड़ना 동사]

(1) 이 문형은 본동사(부정사)가 가리키는 행위의 필요성, 당위성, 필연성을 가장 강하게 표현합니다. 여기에는 자의지가 포함되어 있지 않은 강제성이 내포되어 있습니다. '~하지 않을 수 없다'라고 해석할 수 있습니다.

(2) पड़ना 동사가 모든 시제와 법에 올 수 있기 때문에 강제적인 상황을 다양하게 표현할 수 있습니다.

मुझे(= मुझको) वह काम करना पड़ता है । 내가 그 일을 하지 않을 수 없습니다.
उसे(= उसको) स्कूल जल्दी जाना पड़ रहा है । 그(녀)가 학교에 일찍 가지 않을 수 없습니다.
हम लोगों को मेट्रो से जाना पड़ेगा । 우리들이 전철로 가지 않을 수 없을 것입니다

(3) 타동사의 부정사가 목적어와 함께 오는 경우, 부정사와 पड़ना 동사는 목적어의 성 · 수에 일치합니다.

तुझे(= तुझको) दवा लेनी पड़ी । 네가 약을 복용하지 않을 수 없었다
उन्हें(= उनको) लाइन बदलनी पड़ेगी ? 그분께서 환승하지 않으실 수 없을 것입니까?

5) 부정어는 부정사 또는 होना 동사/ चाहिए/ पड़ना 동사 앞에 올 수 있습니다.

आपको ब्लू लाइन नहीं लेनी चाहिए । 당신께서 파란 선을 안 타셔야만 합니다.
आपको ब्लू लाइन लेनी नहीं चाहिए । 당신께서 파란 선을 타지 않으셔야만 합니다.

듣기

हिन्दी वाक्यों को ध्यान से सुनिए ।

힌디어 문장을 주의 깊게 들으시오.

1 मेरे परिवार के लोग बाहर डिनर करने वाले हैं ।

우리(내) 가족들이 밖에서 저녁식사를 할 거야.

2 हुसैन साहब को आना था ।

후세인 선생님이 오시기로 했었어.

3 हुसैन साहब को बहुत ज़ुकाम है ।

후세인 선생님은 심한 감기에 걸리셨어.

4 हमें वहाँ कैसे जाना होगा ?

우리가 거기 어떻게 가야 할까?

5 हमें मेट्रो से जाना होगा ।

우리는 전철로 가야 할 거야.

6 हम लोगों को कौन-सी लाइन लेनी चाहिए ?

우리들은 어떤 선을 타야만 하니?

7 हम लोगों को ब्लू लाइन लेनी चाहिए ।

우리들은 파란 선을 타야만 해.

8 क्या हम लोगों को लाइन बदलनी पड़ेगी ?

우리들은 환승하지 않을 수 없는 거니?

9 हम लोगों को कितने बजे तक रेस्तराँ में पहुँचना चाहिए ?

우리들이 몇 시까지 식당에 도착해야만 하니?

10 इसलिए हम लोगों को मेट्रो से जाना पड़ेगा ।

그래서 우리들은 전철로 가지 않을 수 없을 거야.

쓰기

कोष्ठक में दिये गये शब्दों से वाक्य बनाइए ।

괄호 안에 주어진 단어로 문장을 만드시오.

1. 우리(내) 가족들이 밖에서 저녁식사를 할 거야.
   (वाले, डिनर, बाहर, लोग, परिवार, मेरे, हैं, करने, के)

2. 후세인 선생님께서 오시기로 했었어. (था, को, साहब, आना, हुसैन)

3. 후세인 선생님께서 심한 감기에 걸리셨어. (ज़ुकाम, हुसैन, है, को, साहब, बहुत)

4. 우리가 거기에 어떻게 가야 할까? (जाना, हमें, कैसे, होगा, वहाँ)

5. 우리가 전철로 가야 할 거야. (से, जाना, हमें, होगा, मेट्रो)

6. 우리들이 어떤 선을 타야만 하니? (लेनी, हम, चाहिए, लोगों, लाइन, को, कौन-सी)

7. 우리들은 파란 선을 타야만 해. (ब्लू, चाहिए, लेनी, को, हम, लाइन, लोगों)

8 우리들이 환승하지 않을 수 없는 거니? (को, बदलनी, क्या, पड़ेगी, हम, लाइन, लोगों)

9 우리들이 몇 시까지 식당에 도착해야만 하니?
(रेस्तराँ, तक, कितने, लोगों, चाहिए, हम, में, पहुँचना, को, बजे)

10 그래서 우리들이 전철로 가지 않을 수 없을 거야.
(से, लोगों, पड़ेगा, इसलिए, जाना, मेट्रो, हम, को)

연습

कोष्ठक में दिये गये शब्द के अनुरूप वाक्य बदलिए ।

괄호 안에 주어진 단어에 따라 문장을 바꾸시오.

1

हुसैन साहब को जल्दी आना था ।

후세인 선생님이 빨리 오셨어야 했습니다.

1 (मैं, पहुँचना, (현재))

내가 빨리 도착해야 합니다.

2 (तू, जाना, (과거))

네가 빨리 갔어야 했다.

3 (वह, काम करना, (미래))

그(녀)가 빨리 일을 해야 할 것입니다.

4 (यह लड़का, उठना, (현재))

이 남학생이 일찍 일어나야 합니다.

2

हमें(= हमको) वहाँ कैसे पहुँचना चाहिए ?

우리가 거기에 어떻게 도착해야만 합니까?

1 (तुम, क्या खाना)

자네가 거기서 무엇을 먹어야만 하는가?

2 (आप लोग, क्यों जाना)

당신들이 거기에 왜 가야만 합니까?

3 (कौन, काम करना)

누가 거기서 일해야만 합니까?

4 (वे *लड़कियाँ, कितनी *चिट्ठियाँ लिखना)

그 여자아이들이 거기서 편지 몇 통을 써야만 합니까?

3

हम लोगों को येलो लाइन लेनी चाहिए थी ।

우리들이 노란 선을 탔어야만 했습니다.

1 (वह, मकान ख़रीदना)

그(녀)가 집을 샀어야만 했습니다.

2 (मैं, *दवा लेना)

내가 약을 먹었어야만 했습니다.

3 (तू, पैसे देना)

너는 돈을 주었어야만 했다.

4 (तुम, कई *पुस्तकें पढ़ना)

자네가 여러 책들을 읽었어야만 했네.

4

हमें(= हमको) लाइन बदलनी पड़ेगी ।
우리들은 환승하지 않을 수 없을 것입니다.

1 (मैं, कई *पुस्तकें पढ़ना, (단순완료))

나는 여러 책을 읽지 않을 수 없었습니다.

2 (तू, *मेट्रो से जाना, (미래))

너는 전철로 가지 않을 수 없을 것이다.

3 (तुम, काम करना, (현재미완료))

자네는 일하지 않을 수 없네.

4 (कौन(복수), *चिट्ठी लिखना, (과거진행))

누가(복수) 편지를 쓰지 않을 수 없었습니까?

5

आपको ब्लू लाइन लेनी पड़ेगी ।

당신께서 파란 선을 타시지 않을 수 없을 것입니다

1 (आप की दो *लड़कियाँ, *किताबें ख़रीदना)

당신의 두 딸이 책들을 사지 않을 수 없을 것입니다.

2 (मेरे दोस्त, आराम करना)

내 친구들이 휴식을 취하지 않을 수 없을 것입니다.

3 (मेरे दो लड़के, *प्रतीक्षा करना)

나의 두 아들이 기다리지 않을 수 없을 것입니다.

4 (छात्र-छात्राएँ, समय पर अनेक काम करना)

남녀학생들이 제 시간에 많은 일을 하지 않을 수 없을 것입니다.

회화 테스트

हिन्दी में बोलिए ।

힌디어로 말하시오.

1. 우리(내) 가족들이 밖에서 저녁식사를 할 거야.

2. 후세인 선생님께서 오시기로 했었어.

3. 후세인 선생님께서 심한 감기에 걸리셨어.

4. 우리가 거기에 어떻게 가야 할까?

5. 우리가 전철로 가야 할 거야.

6. 우리들이 어떤 선을 타야만 하니?

7. 우리들은 파란 선을 타야만 해.

8. 우리들이 환승하지 않을 수 없는 거니?

9. 우리들이 몇 시까지 식당에 도착해야만 하니?

10. 그래서 우리들이 전철로 가지 않을 수 없을 거야.

※ 정답은 듣기 참조

단원 평가

ध्यान से सुनिए और ठीक उत्तर चुनिए ।

주의 깊게 듣고 옳은 답을 고르시오.

문제 1-2

आलोक :

बोमिन :

आलोक :

बोमिन :

आलोक :

1 बोमिन को आज किस के साथ डिनर करना है ?

① उसे(= उसको) आलोक के परिवार के साथ डिनर करना होगा ।

② उसे(= उसको) हुसैन साहब के साथ डिनर करना होगा ।

③ उसे(= उसको) आलोक के अंकल जी के साथ डिनर करना होगा ।

④ उसे(= उसको) हुसैन साहब के परिवार के साथ डिनर करना होगा ।

2 हुसैन साहब आज डिनर में क्यों नहीं आ सकेंगे ?

① क्योंकि उन्हें नहीं आना था ।

② क्योंकि अंकल जी ने नहीं बुलाया ।

③ क्योंकि उन्हें बहुत ज़ुकाम है ।

④ क्योंकि उन्हें बहुत काम हैं ।

문제 3-4

आलोक :

बोमिन :

आलोक :

बोमिन :

आलोक :

3 आलोक और बोमिन को कहाँ लाइन बदलनी पड़ेगी ?

① उन लोगों को किसी भी मेट्रो स्टेशन पर लाइन बदलनी पड़ेगी ।

② उन लोगों को राजीव चौक स्टेशन पर लाइन बदलनी पड़ेगी ।

③ उन लोगों को चाँदनी चौक स्टेशन पर लाइन बदलनी पड़ेगी ।

④ उन लोगों को लाइन नहीं बदलनी पड़ेगी ।

4 आलोक और बोमिन को राजीव चौक स्टेशन पर कौन-सी लाइन लेनी चाहिए ?

① उन लोगों को येलो लाइन लेनी चाहिए ।

② उन लोगों को ब्लू लाइन लेनी चाहिए ।

③ उन लोगों को रेड लाइन लेनी चाहिए ।

④ उन लोगों को एयरपोर्ट एक्सप्रेस लेनी चाहिए ।

문제 5

बोमिन :

आलोक :

बोमिन :

5 आलोक और बोमिन को कैसे रेस्तराँ जाना होगा ?

① उन लोगों को आठ बजे से रेस्तराँ जाना होगा ।

② उन लोगों को ट्रैफ़िक जाम से रेस्तराँ जाना होगा ।

③ उन लोगों को इस समय से रेस्तराँ जाना होगा ।

④ उन लोगों को मेट्रो से रेस्तराँ जाना होगा ।

15과

मुझे तंदूरी चिकन पसंद है ।

제가 딴두리 치킨을 좋아합니다.

학습 목표

- 여격주어구문(4)
  [여격주어를 취하는 주요 동사들 - लगना, मिलना, आना 등]
- कि 용법

어휘

कभी	언젠가; 때로
*कुल्फ़ी	꿀피. 향신료, 견과류, 과일 등을 넣어 만든 인도식 아이스케이크
के बीच	~ 사이에, 중간에 (복합 후치사)
*खीर	키르. 쌀을 우유, 설탕, 견과류와 함께 끓여 만든 후식용 우유 죽
*तरह	종류; 방법, 수단; 양식, 형식
तंदूर	딴두르. 화덕
तंदूरी चिकन	딴두리 치킨. 화덕(딴두르)에서 구운 양념 닭
*नान	난. 화덕(딴두르)에 구운 백밀 빵
पनीर	빠니르. 인도식 프레시치즈
*पसंद	좋아함; 기호; 취미; 좋아하는
पालक	시금치
बनना	만들어지다; ~이 되다, 생기다
बनाना	만들다; 요리하다; 건설하다
बैरा	(식당에서 손님 시중을 드는) 종업원(bearer)
*भूख	배고픔, 허기, 시장기; 욕망; 갈망
मशहूर	유명한, 저명한, 고명한

मालूम	아는, 알고 있는; ~인 것처럼 보이는
मेन्यू	메뉴(menu)
*रान	넓적다리; 란. 양(염소) 넓적다리 양념구이
सुनना	듣다; 청취하다; 동의하다, 인정하다

대화문

बोमिन : आप लोगों के बीच मुझे बहुत अच्छा लगता है ।

보민: 당신들 사이에서 제가 아주 좋게 느낍니다.

बहुत-बहुत धन्यवाद ।

대단히 감사합니다.

चौहान : भाई, मेन्यू ले आओ, इन को दिखा दो ।

쪼우한: 이 보게, 메뉴를 가져 오게, 이분께 보여드리게.

बोमिन : मुझे तंदूरी चिकन बहुत पसंद है ।

보민: 제가 딴두리 치킨을 매우 좋아합니다.

चौहान : यहाँ अच्छी रान मिलती है ।

쪼우한: 여기 좋은 란(염소 넓적다리 양념구이)이 있어.

बोमिन : मैंने कभी रान नहीं खाई ।

보민: 저는 란을 먹은 적이 없어요.

चौहान : खाओगी तो तुम्हें रान पसंद आएगी ।

쪼우한: 먹어봐 그럼 네가 란을 좋아하게 될 거야.

बोमिन : सुना है कि यहाँ की नान बहुत मशहूर है ।

보민: 여기의 난이 매우 유명하다고 들었어요.

मैं नान खाना चाहती हूँ ।

저는 난을 먹고 싶어요.

चौहान : बोमिन, उधर देखो ।

쪼우한: 보민아, 저쪽을 보렴.

नान तंदूर में बन रही है ।

난이 화덕에서 만들어지고 있구나.

बोमिन : क्या आपको नान बनाना आता है ?

보민: 아저씨(당신)는 난을 만들 줄 아시나요?

चौहान : नहीं, मुझे नहीं आता ।

쪼우한: 아니, 나는 모른다.

लेकिन यहाँ के लोगों को अच्छी तरह आता है ।

그러나 여기 사람들이 잘 알고 있지.

भाई ! रान, नान और पालक पनीर ले आना ।

이 보게! 란, 난 그리고 빨락 빠니르(시금치 프레시치즈 요리)를 가져오게.

बहुत भूख लगी है । जल्दी लाना ।

매우 배고픔을 느끼네. 빨리 가져오게

बैरा : आपको कुछ और चाहिए ?

종업원: 당신은 좀 더 필요하십니까?

चौहान : आपके पास क़ुल्फ़ी है ?

쯔우한: 당신에게 꿀피(인도식 아이스케이크)가 있는가(당신이 꿀피를 가지고 있는가)?

बैरा : जी नहीं, यहाँ क़ुल्फ़ी नहीं मिलती ।

종업원: 아닙니다, 여기 꿀피가 없습니다.

खीर मिलेगी ।

키르(후식용 우유 죽)가 있습니다.

चौहान : क़ुल्फ़ी नहीं मिलती ?

쯔우한: 꿀피가 없다고?

मुझे यह मालूम नहीं था ।

내가 이걸 몰랐었네.

बाद में खीर ले आना ।

나중에 키르를 가져오게나.

☑ 여기서 **भाई**는 호격으로 사용되었습니다.

문법

1 여격주어구문(4)

이 과에서는 여격주어구문의 4번째 유형으로 여격주어를 취하는 주요동사 लगना, मिलना, आना와 '알다'라는 의미의 동사구를 공부합니다.

1) लगना 동사

लगना 동사가 '느끼다', '(~하게) 느끼다', '여겨진다', '~인 듯하다', '걸리다' 등의 뜻으로 사용될 때 여격주어를 취합니다.

이 때 लगना 동사는 목적어의 성과 수에 따라 변하고, 목적어가 없는 경우 비인칭(3인칭 남성단수) 형태를 취합니다.

हमें(= हमको) बहुत भूख लगी है । 우리들이 매우 허기를 느낍니다.
मुझे(= मुझको) आप ठीक लगे थे/*लगी थीं । 나는 당신이 괜찮으신 것 같았습니다.
आप लोगों के बीच मुझे(= मुझको) बहुत अच्छा लगा था ।
당신들 사이에서 제가 아주 좋게 느꼈습니다.
तुम्हें(= तुमको) यहाँ पहुँचने में कितने घंटे लगते हैं ?
자네가 여기 도착하는 데에 몇 시간이 걸리는가?

☑ 직격주어를 취하는 लगना 동사의 1차적 의미는 '붙다'이며, 부정사 사격과 함께 '~하기 시작하다'는 뜻으로 사용됩니다.

उस की छत में चार पंखे लगे हैं । 그것의 천장에 선풍기 네 대가 붙어 있습니다.
वे कल से एक कंपनी में काम करने लगेंगे/*लगेंगी ।
그(여자)분은 내일부터 한 회사에서 일하기 시작할 것입니다.

2) मिलना 동사

मिलना 동사가 '받다, 얻다, 구하다', '(우연히) 만나다' 등의 의미로 사용될 때 여격주어를 취합니다.

이 때 मिलना 동사는 목적어의 성 · 수에 일치합니다.

क्या मुझे(= मुझको) अच्छा मकान मिलेगा ? 제가 좋은 집을 구할까요?
क्या आपको नौकरी मिली है ? 당신이 직장을 얻었습니까? [*नौकरी 직업, 일자리]
क्या तुम्हें(= तुमको) मेरे दो पत्र मिले ? 자네가 내 편지 두 통을 받았는가?
मुझे(= मुझको) रास्ते में पुराना दोस्त मिला । [रास्ता 길, 도로; पुराना 오래된]
내가 길에서 옛 친구를 (우연히) 만났습니다.

☑ 의도를 가지고 능동적으로 만날 때에는 직격주어가 옵니다.

मैं उन लड़कियों से मिलूँगा/*मिलूँगी । 내가 그 여자아이들을 만날 것입니다.

3) आना 동사

आना 동사가 '알다'라는 뜻으로 사용되거나 감정, 생리현상 등에 관한 명사와 함께 올 때 여격주어를 취합니다.

이 때 आना 동사는 목적어의 성 · 수에 일치합니다.

क्या आपको हिन्दी आती है ? 당신은 힌디어를 아십니까?
तुम्हें(= तुमको) रान पसंद आएगी ।
자네는 란을 좋아하게 될 거야.
उन्हें(= उनको) बहुत ग़ुस्सा आया था । 그분이 매우 화가 나셨습니다. [ग़ुस्सा 화]
क्या तुझे(= तुझको) नींद नहीं आती ? 너 잠이 오지 않니? [*नींद 졸음, 잠]

मुझे(= मुझको) तेज़ बुख़ार आ रहा है । 제가 심한 열이 나고 있습니다.

4) '알다'라는 의미의 동사구

मालूम होना(알다, 알려지다), पता होना(알다), पता चलना(알게 되다) 등의 동사구가 여격주어를 취합니다.

आपको उसका ईमेल पता मालूम है ? [पता 주소]

당신은 그(녀)의 이메일 주소를 아십니까?

मुझे(= मुझको) मालूम नहीं । 나는 모릅니다.

मुझे(= मुझको) भी पता नहीं था, परन्तु अब पता चला । [परन्तु 그러나]

나도 몰랐었습니다. 그러나 이제 알게 되었습니다.

आपको उसका ईमेल पता कैसे पता चला ?

당신은 그(녀)의 이메일 주소를 어떻게 아시게 되었습니까?

2 कि 용법

1) कि는 주어절, 목적절, 동격절 등을 이끄는 보문표지로 널리 사용됩니다. 특히 '알다', '말하다', '듣다', '생각하다', '바라다', '부탁하다', '기대하다' 등의 동사와 함께 쓰입니다.

मुझे(= मुझको) यह मालूम नहीं था कि यहाँ कुल्फ़ी नहीं मिलती ।

내가 여기 꿀피가 없다는 걸 몰랐었습니다.

यह सुना है कि यहाँ की नान बहुत मशहूर है । 여기의 난이 매우 유명하다고 들었습니다.

ऐसा लगता है कि वह नहीं आएगा/*आएगी । [ऐसा 이러한]

그(녀)가 오지 않을 것 같습니다.

☑ कि가 생략될 수도 있습니다.

सुना है, यहाँ की नान बहुत मशहूर है । 여기 난이 매우 유명하다고 들었어요.

2) कि가 접속사로 사용됩니다.

(1) '또는'이라는 의미

आपको भूख लगी कि नहीं ? 당신이 허기를 느끼시나요 또는 아닌가요?

(2) '(행위의 동시성을 나타내는) 그 때'라는 의미

मैं जा रहा था कि आप आए । 제가 막 가려고 했을 때 당신이 오셨습니다.

3) कि가 접속사의 일부로 사용되기도 합니다.

वे नहीं आ सके क्योंकि उन्हें(= उनको) बहुत ज़ुकाम है ।
그분이 오실 수 없었습니다. 왜냐하면 그분이 심한 감기에 걸리셨기 때문입니다.

듣기

हिन्दी वाक्यों को ध्यान से सुनिए ।

힌디어 문장을 주의 깊게 들으시오.

1 मुझे आप लोगों के बीच अच्छा लगता है ।

제가 당신들 사이에서 좋게 느낍니다.

2 मुझे तंदूरी चिकन बहुत पसंद है ।

제가 딴두리 치킨을 매우 좋아합니다.

3 यहाँ अच्छी रान मिलती है ।

여기 좋은 란이 있어.

4 खाओगी तो तुम्हें रान पसंद आएगी ।

먹어봐 그럼 네가(여성) 란을 좋아하게 될 거야.

5 सुना है कि यहाँ की नान बहुत मशहूर है ।

여기의 난이 매우 유명하다고 들었어요.

6 क्या आपको नान बनाना आता है ?

아저씨(당신)는 난을 만들 줄 아시나요?

7 यहाँ के लोगों को नान बनाना अच्छी तरह आता है ।

여기 사람들이 난을 만들 줄 잘 알고 있지.

8 मुझे बहुत भूख लगी है ।

나는 매우 배고픔을 느끼네.

9 आपको कुछ और चाहिए ?

당신은 좀 더 필요하십니까?

10 मुझे मालूम नहीं था कि यहाँ कुल्फ़ी नहीं मिलती ।

내가 여기 꿀피가 없다는 걸 몰랐었네.

쓰기

कोष्ठक में दिये गये शब्दों से वाक्य बनाइए ।

괄호 안에 주어진 단어로 문장을 만드시오.

1. 제가 당신들 사이에서 좋게 느낍니다. (अच्छा, लोगों, है, मुझे, के बीच, लगता, आप)

2. 제가 딴두리 치킨을 매우 좋아합니다. (पसंद, तंदूरी, बहुत, मुझे, है, चिकन)

3. 여기 좋은 란이 있어. (मिलती, अच्छी, यहाँ, रान, है)

4. 먹어봐 그럼 네가(여성) 란을 좋아하게 될 거야. (आएगी, तुम्हें, रान, खाओगी, पसंद, तो)

5. 여기의 난이 매우 유명하다고 들었어요. (कि, बहुत, नान, है, सुना, मशहूर, यहाँ, है, की)

6. 아저씨(당신)는 난을 만들 줄 아시나요? (आता, आपको, क्या, बनाना, है, नान)

7. 여기 사람들이 난을 만들 줄 잘 알고 있지.
(आता, को, के, बनाना, अच्छी, है, यहाँ, नान, तरह, लोगों)

8 나는 매우 배고픔을 느끼네. (भूख, है, मुझे, लगी, बहुत)

9 당신은 좀 더 필요하십니까? (चाहिए, कुछ, आपको, और)

10 내가 여기 꿀피가 없다는 걸 몰랐었네.
(क़ुल्फ़ी, मुझे, नहीं, कि, नहीं, यहाँ, मिलती, मालूम, था)

연습

कोष्ठक में दिये गये शब्द के अनुरूप वाक्य बदलिए ।

괄호 안에 주어진 단어에 따라 문장을 바꾸시오.

1

मुझे(= मुझको) भूख लगी है ।
내가 시장기를 느낍니다.

1. (तू, जाड़ा)

   네가 오한을 느낀다.

2. (तुम, *प्यास 갈증)

   자네가 갈증을 느끼네.

3. (हम, उस का खाना, अच्छा)

   우리가 그의 음식을 좋게 느낍니다.

4. (वे, आने में दो घंटे)

   그분이 오시는 데에 두 시간이 걸립니다.

2

क्या आपको नान बनाना आता है ?

당신이 난을 만들 줄 아십니까?

1 (वे लोग, सितार बजाना)

그들이 씨따르를 연주할 줄 압니까?

2 (तुम, *गाड़ी 차 चलाना 운전하다, 움직이게 하다)

자네가 차를 운전할 줄 아는가?

3 (यह *लड़की, अच्छी *हिन्दी)

이 여학생이 좋은 힌디어를 압니까?

4 (वे, ठीक से बोलना)

그분이 제대로 말할 줄 아십니까?

3

हम लोगों को यहाँ अच्छी रान मिली ।

우리들이 여기에서 좋은 란을 구했습니다.

1 (मैं, वेतन 월급)

내가 여기에서 좋은 월급을 받았습니다.

2 (वह, *नौकरी)

그(녀)가 여기에서 좋은 직업을 구했습니다.

3 (तू, अख़बार (복수))

네가 여기에서 좋은 신문들을 구했다.

4 (वह लड़का, *पुस्तकें)

그 남학생이 여기에서 좋은 책들을 구했습니다.

4

क्या आपको रान पसंद आई ?

당신이 란을 좋아하게 되었습니까?

1 (वे, बहुत गुस्सा)

그분이 매우 화가 나셨습니까?

2 (तू, अच्छी *नींद)

너 잘 잤어(너에게 좋은 잠이 왔어)?

3 (तुम, तेज़ बुख़ार)

자네에게 심한 열이 났는가?

4 (लड़के, *चोट 상처)

남자아이들이 상처가 났습니까?

5

मुझे(= मुझको) मालूम था कि यहाँ क़ुल्फ़ी नहीं मिलती ।

내가 여기 꿀피가 없다는 걸 알았습니다.

1 (पता होना, नान)

내가 여기 난이 없다는 걸 알았습니다.

2 (पता चलना, अच्छा वेतन)

내가 여기서 좋은 월급을 받지 못하는 것을 알게 되었습니다.

3 (मालूम हो जाना, सस्ते 싼, 저렴한 कमरे)

내가 여기서 저렴한 방들을 구할 수 없다는 것을 알게 되었습니다.

4 (पता न होना, बच्चों की *पुस्तकें)

내가 여기서 어린이 책들을 구할 수 없다는 것을 몰랐었습니다.

회화 테스트

हिन्दी में बोलिए ।

힌디어로 말하시오.

1 제가 당신들 사이에서 좋게 느낍니다.

2 제가 딴두리 치킨을 매우 좋아합니다.

3 여기 좋은 란이 있어.

4 먹어봐 그럼 네가(여성) 란을 좋아하게 될 거야.

5 여기의 난이 매우 유명하다고 들었어요.

6 아저씨(당신)는 난을 만들 줄 아시나요?

7 여기 사람들이 난을 만들 줄 잘 알고 있지.

8 나는 매우 배고픔을 느끼네.

9 당신은 좀 더 필요하십니까?

10 내가 여기 꿀피가 없다는 걸 몰랐었네.

※ 정답은 듣기 참조

단원 평가

ध्यान से सुनिए और ठीक उत्तर चुनिए ।

주의 깊게 듣고 옳은 답을 고르시오.

문제 1-2

बोमिन :

चौहान :

बोमिन :

चौहान :

बोमिन :

चौहान :

1 बोमिन को क्या पसंद है ?

① उसे(= उसको) लोग पसंद हैं ।

② उसे(= उसको) मेन्यू पसंद है ।

③ उसे(= उसको) रान पसंद है ।

④ उसे(= उसको) तंदूरी चिकन पसंद है ।

2 किसको रान पसंद आएगी ?

① चौहान जी को रान पसंद आएगी ।

② बोमिन को रान पसंद आएगी ।

③ आप लोगों को रान पसंद आएगी ।

④ भाइयों को रान पसंद आएगी ।

문제 3-4

चौहान :

बोमिन :

चौहान :

3 नान बनाना किन्हें आता है ?

① नान बनाना चौहान जी को आता है ।

② नान बनाना बोमिन को आता है ।

③ नान बनाना रेस्तराँ के लोगों को आता है ।

④ नान बनाना भाइयों को आता है ।

4 चौहान जी खाना जल्दी ले आने के लिए क्यों कहते हैं ?

① क्योंकि उन्हें(= उनको) भूख लगी है ।
② क्योंकि उन्हें(=उनको) नींद लगी है ।
③ क्योंकि उन्हें(=उनको) जाड़ा लगा है ।
④ क्योंकि उन्हें(=उनको) प्यास लगी है ।

문제 5

बैरा :

चौहान :

बैरा :

चौहान :

5 साहब(चौहान जी) को क्या मालूम नहीं था ?

① उन्हें(= उनको) मालूम नहीं था कि रेस्तराँ में कुल्फ़ी मिलती है ।
② उन्हें(= उनको) मालूम नहीं था कि रेस्तराँ में कुल्फ़ी नहीं मिलती ।
③ उन्हें(= उनको) मालूम नहीं था कि रेस्तराँ में साहब लोग मिलते हैं ।
④ उन्हें(= उनको) मालूम नहीं था कि रेस्तराँ में साहब लोग नहीं मिलते ।

16과

भोजन करके ताज महल देखने वाली हूँ ।

식사하고 따즈 마할을 볼 것입니다.

학습 목표

- 독립부사구
- -वाला 용법

어휘

आगरा	아그라. 델리에서 남쪽으로 206Km 떨어진 곳에 위치한 웃따르 쁘라데슈 주의 도시. 타지마할로 유명.
आसपास	주변(에), 근처(에); 가까이; 사방(에)
*इमारत	건물, 빌딩
*ख़रीदारी	구매, 구입; 쇼핑
*घड़ी	때, 시기; 시계
ताज महल	타지마할(따즈 마할). 인도의 대표적 이슬람 문화유적으로 아그라에 위치한 묘궁(墓宮). 유네스코 세계문화유산. [ताज 왕관; 정점, महल 궁전, 왕궁; 대저택]
थकना	피곤하다, 피로하다, 지치다
नहाना	목욕하다, 씻다
नमूना	본보기, 견본; 모형, 문양
निकालना	꺼내다, 빼내다; 추방하다; 내쫓다
पड़ोस	이웃, 근린, 인근
पैसा	돈; 인도의 화폐단위 (100 पैसा = 1 रुपया)
*बाक़ी	남아 있는, 남은; 나머지, 남은 것, 잔여; 잔금
मिनट	(시간 단위의) 분(分, minute)
संगमरमर	대리석
साफ़	깨끗한, 청결한; 명확한
होटल	호텔(hotel)

대화문

मोहन: हम लोग आगरा पहुँचने वाले हैं ।

모한: 우리가 아그라에 도착할 것입니다.

सुजिन: अच्छा, मोहन जी ।

수진: 그래요, 모한 님.

समय क्या हुआ है ?

시간이 어떻게(무엇이) 되었습니까?

मोहन: मेरी घड़ी में बारह बजकर दस मिनट हुए हैं ।

모한: 제 시계에 12시 10분이 되었습니다.

सुजिन: लंच का समय हो गया है ।

수진: 점심시간이 되었네요.

मुझे पहले बैंक जाना होगा ।

저는 먼저 은행에 가야 돼요.

मैं पैसे निकालकर अच्छा रेस्तराँ जाना चाहती हूँ ।

저는 돈을 인출해서 좋은 식당에 가고 싶습니다.

बैंक कहाँ है ?

은행이 어디에 있나요?

मोहन: बाज़ार के सामने वाली इमारत में बैंक है ।

모한: 시장 정면에 있는 건물에 은행이 있습니다.

क्या आप भोजन करने के बाद ताज महल देखेंगी ?

당신께서 식사하고 따즈 마할을 보시겠습니까?

सुजिन: जी हाँ, मैं भोजन करके ताज महल देखने वाली हूँ ।

수진: 네, 저는 식사하고 따즈 마할을 볼 것입니다.

क्या आसपास कोई साफ़ और अच्छा वाला रेस्तराँ है ?

근처에 어떤 깨끗하고 좋은 식당들이 있습니까?

मोहन: जी, है ।

모한: 네, 있습니다.

सुजिन: अच्छा, आप भी खाने पर चलिए ।

수진: 그래요, 당신도 식사에 가시지요.

मोहन: शुक्रिया, ज़रूर ।

모한: 고맙습니다, 물론이죠.

सुजिन: हम लोग पहले बैंक जाएँगे, उसके बाद रेस्तराँ ।

수진: 우리들은 먼저 은행에 갈 것입니다, 그 다음에 식당에.

मोहन: जी, हम लोग बैंक होकर रेस्तराँ जाएँगे ।

모한: 네, 우리들은 은행을 경유해서 식당에 갈 것입니다.

आप यहाँ क्या ख़रीदना चाहती हैं ?

당신은 여기에서 무엇을 구매하기를 원하십니까?

सुजिन: मैं ताज महल का बहुत बढ़िया वाला नमूना लेना चाहती हूँ ।

저는 따즈 마할의 아주 훌륭한 모형을 사기를 원합니다.

मोहन: मेरे पड़ोस वाले कहते हैं कि होटल के शॉप में बढ़िया संगमरमर के नमूने मिलते हैं ।

모한: 제 이웃사람들이 호텔 상점에서 훌륭한 대리석 모형을 구할 수 있다고 말합니다.

सुजिन: ठीक है, मैं ताज महल देखने के बाद होटल जाकर ख़रीदूँगी ।

수진: 그래요, 저는 따즈 마할을 본 뒤 호텔에 가서 구매할 것입니다.

थोड़ी-सी थकी हूँ ।

조금 피곤해요.

मोहन: यह बढ़िया है,

모한: 이게 아주 좋겠네요,

आप पहले ताज महल देखें और होटल जाएँ ।

당신이 먼저 따즈 마할을 보십시오 그리고 호텔에 가십시오

문법

1 독립부사구

1) 독립부사구는 [동사어간(खा-) + 연결어미 -कर]로 구성되며(खाकर 먹고), 주어의 성과 수에 영향 받지 않고 부사적으로 사용됩니다.

मैं खाना खाकर ताज महल देखूँगा/*देखूँगी । 저는 밥 먹고 따즈 마할을 볼 것입니다.

2) 독립부사구는 기본적으로 술부의 동사 이전에 일어난 행위를 표현하며, 방법, 원인 등을 나타내기도 합니다.

वह ताज महल देखकर होटल जाएगा/*जाएगी ।

그(녀)는 따즈 마할을 보고 호텔에 갈 것입니다.

हम आप के पास दौड़कर आये/*आयीं । [दौड़ना 달리다]

우리들은 당신에게 달려서 왔습니다. (방법)

पिता जी के देहांत का समाचार सुनकर वह रो उठा/*उठी । [देहांत 사망, समाचार 소식, रोना 울다]

아버지의 사망 소식을 듣고 그(녀)가 울음을 터뜨렸습니다. (원인)

☑ करना 동사에 독립부사구를 만드는 연결어미 -कर를 첨가하면 करके(하고)가 됩니다.

एक बार कोशिश करके देखो । 한 번 노력해서 봐라. [*कोशिश 노력; 시도]

क्या आप भोजन करके ताज महल देखेंगे/*देखेंगी ?

당신은 식사하고 따즈 마할을 보실 것입니까?

3) 독립부사구는 [부정사의 사격 + 복합후치사 के बाद(~후에)]로 대치될 수 있습니다.

वह ताज महल देखने के बाद(= देखकर) होटल जाएगा/*जाएगी ।

그(녀)는 따즈 마할을 본 뒤 호텔에 갈 것입니다.

आप भोजन करने के बाद(= करके) क्या करना चाहते/*चाहती हैं ?

당신은 식사한 뒤 무엇을 하시고 싶습니까?

4) 특별한 용법의 독립부사구들

हम लोग बैंक होकर रेस्तराँ जाएँगे । 우리들은 은행을 경유해서 식당에 갈 것입니다.

हम सब मिलकर काम करते/*करती हैं । 우리 모두 함께 일을 합니다.

कृपा/मेहरबानी करके जल्दी आइएगा । [*मेहरबानी 친절, 호의]

제발(친절하게) 빨리 오십시오.

एक-एक करके सब लोग चले गये थे । 하나씩 하나씩 모든 사람들이 떠났었습니다.

☑ 시(時)와 분(分)을 동시에 표현할 때 बजना 동사의 독립부사구와 होना 동사의 완료형을 사용합니다. 예를 들어 12시 10분을 표현하고 싶을 때 시(時)에 बजना 동사의 독립부사구 बजकर를 활용하여 बारह बजकर(12시가 되고)라고 쓰고, 분에는 होना 동사의 완료형을 활용하여 दस मिनट हुए(10분이 되었다)라고 씁니다. 분에 오는 होना 동사의 완료형은 생략되기도 합니다.

मेरी घड़ी में बारह बजकर दस मिनट (हुए) हैं ।

제 시계에 12시 10분입니다(12시가 되고 10분입니다).

12시 10분 전을 표현하고 싶을 때 시(時)에 बजना 동사의 처소격 बजने में를 사용합니다.

मेरी घड़ी में बारह बजने में दस मिनट (बाक़ी) हैं ।

제 시계에 `12시 10분 전입니다(12시가 되는 데에 10분이 남아있습니다).

2 -वाला 용법

-वाला는 선행하는 어휘와 함께 직업, 특성, 소유, 거주, 행위, 예정 등을 나타내는 접미사로 편의상 크게 3가지 유형으로 정리할 수 있습니다.

1) [명사 + -वाला]는 직업, 특성, 소유 등을 나타냅니다.

सब्ज़ी वाला रोज़ सुबह आता है । 채소 장수가 매일 아침에 옵니다.
मैं शहर वाला/*वाली हूँ । 나는 도시 사람(출신)입니다.
यहाँ रुपये-पैसे वाले रहते हैं । 여기에 부자들이 삽니다. [रुपया-पैसा 돈, 재물, 부(富)]
मुंबई में डब्बे वाले अपने काम के लिए प्रसिद्ध हैं । [डब्बा 상자, 도시락, प्रसिद्ध 유명한]
뭄바이에서 도시락 배달업자들이 자신들의 일로 유명합니다.
मेरे पड़ोस वाले कहते हैं कि होटल में बढ़िया संगमरमर के नमूने मिलते हैं ।
제 이웃사람들이 호텔에서 훌륭한 대리석 모형을 구할 수 있다고 말합니다.

2) [부정사의 사격 + -वाला]는 '~하(려)는 사람'이라는 뜻으로 사용되고, 또한 형용사와 같이 한정적, 서술적으로도 쓰입니다. 술부에서 서술적으로 사용될 때 가까운 미래를 표현합니다.

मैं सउल का रहने वाला/*की रहने वाली हूँ । 나는 서울의 거주자입니다.
उसका होने वाला पति कल आएगा । 그녀의 될(장래) 남편이 내일 올 것입니다.
हम लोग आगरा पहुँचने वाले/*वाली हैं । 우리가 아그라에 도착할 것입니다.
वे ताज महल देखने वाले/*वाली हैं । 그분이 따즈 마할을 보실 것입니다.
हम आज शाम को बाहर खाना खाने वाले/*वाली हैं ।
우리는 오늘 저녁에 밖에서 밥 먹을 것입니다.

3) 그 외에 [형용사, 부사, 문장 전체 + -वाला]로도 사용됩니다.

क्या आसपास कोई साफ़ वाला रेस्तराँ है ? 근처에 어떤 깨끗한 식당들이 있습니까?
बाज़ार के सामने वाली इमारत में बैंक है । 시장 정면에 있는 건물에 은행이 있습니다.
दस बजे वाली ट्रेन आ गयी है । 10시 도착 기차가 왔습니다.
'आम के आम, गुठलियों के दाम'वाली कहावत ।
[आम 망고, *गुठली 덩어리; (과일 등의) 씨앗 *कहावत 속담, 격언]
'망고는 망고대로 (먹고), 씨앗의 가격도 (받고)(꿩 먹고 알 먹고)'라는 속담

듣기

हिन्दी वाक्यों को ध्यान से सुनिए ।

힌디어 문장을 주의 깊게 들으시오.

1. हम लोग आगरा पहुँचने वाले हैं ।
   우리가 아그라에 도착할 것입니다.
2. मेरी घड़ी में बारह बजकर दस मिनट हुए हैं ।
   제 시계에 12시 10분이 되었습니다.
3. मैं पैसे निकालकर अच्छा रेस्तराँ जाना चाहती हूँ ।
   저는(여성) 돈을 인출해서 좋은 식당에 가고 싶습니다.
4. बाज़ार के सामने वाली इमारत में बैंक है ।
   시장 정면에 있는 건물에 은행이 있습니다.
5. क्या आप भोजन करने के बाद ताज महल देखेंगी ?
   당신께서(여성) 식사하고 따즈 마할을 보시겠습니까?
6. जी हाँ, मैं भोजन करके ताज महल देखने वाली हूँ ।
   네, 저는(여성) 식사하고 따즈 마할을 볼 것입니다.
7. हम लोग बैंक होकर रेस्तराँ जाएँगे ।
   우리들은 은행을 경유해서 식당에 갈 것입니다.
8. मैं ताज महल का बहुत बढ़िया वाला नमूना लेना चाहती हूँ ।
   저는(여성) 따즈 마할의 아주 훌륭한 모형을 사기를 원합니다.
9. मेरे पड़ोस वाले कहते हैं कि होटल के शॉप में बढ़िया संगमरमर के नमूने मिलते हैं ।
   제 이웃사람들이 호텔 상점에서 훌륭한 대리석 모형을 구할 수 있다고 말합니다.

10 मैं ताज महल देखने के बाद होटल जाकर ख़रीदूँगी ।

저는(여성) 따즈 마할을 본 뒤 호텔에 가서 구매할 것입니다.

쓰기

कोष्ठक में दिये गये शब्दों से वाक्य बनाइए ।

괄호 안에 주어진 단어로 문장을 만드시오.

1 우리가 아그라에 도착할 것입니다. (आगरा, हैं, लोग, पहुँचने, हम, वाले)

2 제 시계에 12시 10분이 되었습니다. (घड़ी, दस, मिनट, मेरी, हैं, बारह, हुए, बजकर, में)

3 저는(여성) 돈을 인출해서 좋은 식당에 가고 싶습니다.
(निकाल, हूँ, अच्छा, मैं, जाना, पैसे, रेस्तराँ, चाहती, कर)

4 시장 정면에 있는 건물에 은행이 있습니다.
(सामने, बैंक, के, इमारत, वाली, बाज़ार, है, में)

5 당신께서(여성) 식사하고 따즈 마할을 보시겠습니까?
(करने, आप, देखेंगी, ताज महल, के बाद, क्या, भोजन)

6 네, 제가(여성) 식사하고 따즈 마할을 볼 것입니다.
(देखने, हूँ, जी, करके, हाँ, ताज महल, मैं, वाली, मैं, भोजन)

7 우리들은 은행을 경유해서 식당에 갈 것입니다. (रेस्तराँ, लोग, बैंक, जाएँगे, होकर, हम)

8 저는(여성) 따즈 마할의 아주 훌륭한 모형을 사기를 원합니다.

(बहुत, हूँ, मैं, वाला, ताज महल, लेना, नमूना, का, चाहती, बढ़िया)

9 제 이웃사람들이 호텔 상점에서 훌륭한 대리석 모형을 구할 수 있다고 말합니다.
(होटल, हैं, पड़ोस, वाले, के, बढ़िया, मेरे, कि, शॉप, संगमरमर, मिलते, के, हैं, में, कहते, नमूने)

10 저는(여성) 따즈 마할을 본 뒤 호텔에 가서 구매할 것입니다.
(देखने, जाकर, ताज महल, ख़रीदूँगी, मैं, के, होटल, बाद)

연습

कोष्ठक में दिये गये शब्द के अनुरूप वाक्य बदलिए ।

괄호 안에 주어진 단어에 따라 문장을 바꾸시오.

1

मैं पैसे निकालकर ताज महल देखूँगी ।

나는(여성) 돈을 인출하고 따즈 마할을 볼 것입니다.

1. (मैं(남성), भोजन करना)

   나는(남성) 식사하고 따즈 마할을 볼 것입니다.

2. (वह(여성), *पुस्तक लेना)

   그녀는 책을 사고 따즈 마할을 볼 것입니다.

3. (हम(남성), *चाय पीना)

   우리는(남성) 인도식 밀크티를 마시고 따즈 마할을 볼 것입니다.

4. (वे(여성), नहाना)

   그분은(여성) 목욕하고 따즈 마할을 보실 것입니다.

2

मैं ताज महल देखने के बाद होटल जाऊँगी ।

나는(여성) 따즈 마할을 본 뒤 호텔에 갈 것입니다.

1 (वह(남성), सवेरे उठना, स्कूल)

그는 아침에 일어난 뒤 학교에 갈 것입니다.

2 (मैं(남성), अख़बार पढ़ना, दफ़्तर 사무실)

나는(남성) 신문을 읽은 뒤 사무실에 갈 것입니다.

3 (वे(남성), नहाना, मन्दिर)

그들은(남성) 목욕한 뒤 사원에 갈 것입니다.

4 (हम(여성), घूमना, पुस्तकालय)

우리는(여성) 산책한 뒤 도서관에 갈 것입니다.

3

हम लोग आगरा पहुँचने वाले हैं ।

우리가 아그라에 도착할 것입니다.

1 (वह(여성), दफ़्तर जाना)

그녀가 사무실에 갈 것입니다.

2 (मैं(남성), सिनेमाघर 영화관, *फ़िल्म देखना)

내가(남성) 영화관에서 영화를 볼 것입니다.

3 (तुम(여성), हमारे यहाँ, आना)

자네가(여성) 우리 집에 올 것이네.

4 (वे लोग, खेल का मैदान 운동장, खेलना)

그들이 운동장에서 운동할 것입니다.

4

मेरे पड़ोस वाले कहते हैं कि वहाँ संगमरमर के नमूने मिलते हैं ।

제 이웃사람들이 거기서 대리석 모형을 구할 수 있다고 말합니다.

1 (रुपये-पैसे (남성 복수))

부자들이 거기서 대리석 모형을 구할 수 있다고 말합니다.

2 (शहर (여성 단수))

도시 여성이 거기서 대리석 모형을 구할 수 있다고 말합니다.

3 (लाल कुरता 꾸르따(인도 전통 상의) (남성 단수))

붉은 꾸르따(인도 전통 상의)를 입은 남성이 거기서 대리석 모형을 구할 수 있다고 말합니다. .

4 (रेस्तराँ (남성 복수))

식당 사람들이 거기서 대리석 모형을 구할 수 있다고 말합니다.

5

मैं बहुत बढ़िया वाला नमूना लेना चाहती हूँ ।

나는(여성) 아주 훌륭한 모형을 사기를 원합니다.

1 (तू(여성), नया, कम्प्यूटर)

너는(여성) 새 컴퓨터를 사기를 원한다.

2 (तुम(여성), अच्छा, *पुस्तकें)

자네는(여성) 좋은 책들을 사기를 원하네.

3 (हम(남성), सुन्दर, कपड़े)

우리는(남성) 예쁜 옷들을 사기를 원합니다.

4 (वे(남성존칭), सामना, *इमारत)

그분은(남성) 정면에 있는 건물을 사기를 원하십니다.

회화 테스트

हिन्दी में बोलिए ।

힌디어로 말하시오.

1. 우리가 아그라에 도착할 것입니다.
2. 제 시계에 12시 10분이 되었습니다.
3. 저는(여성) 돈을 인출해서 좋은 식당에 가고 싶습니다.
4. 시장 정면에 있는 건물에 은행이 있습니다.
5. 당신께서(여성) 식사하고 따즈 마할을 보시겠습니까?
6. 네, 제가(여성) 식사하고 따즈 마할을 볼 것입니다.
7. 우리들은 은행을 경유해서 식당에 갈 것입니다.
8. 저는(여성) 따즈 마할의 아주 훌륭한 모형을 사기를 원합니다.
9. 제 이웃사람들이 호텔 상점에서 훌륭한 대리석 모형을 구할 수 있다고 말합니다.
10. 저는(여성) 따즈 마할을 본 뒤 호텔에 가서 구매할 것입니다.

※ 정답은 듣기 참조

단원 평가

ध्यान से सुनिए और ठीक उत्तर चुनिए ।

주의 깊게 듣고 옳은 답을 고르시오.

문제 1-2

मोहन:

सुजिन:

मोहन:

1 सुजिन को आगरा पहुँचकर पहले क्या करना होगा ?

① उसे(= उसको) आगरा पहुँचकर पहले बैंक जाना होगा ।
② उसे(= उसको) आगरा पहुँचकर पहले भोजन करना होगा ।
③ उसे(= उसको) आगरा पहुँचकर पहले अच्छा रेस्तराँ जाना होगा ।
④ उसे(= उसको) आगरा पहुँचकर पहले अच्छी इमारत लेनी होगी ।

2 बैंक कहाँ है ?

① बैंक बाज़ार में है ।

② बैंक बाज़ार के सामने वाली इमारत में है ।

③ बैंक अच्छे रेस्तराँ के पास है ।

④ बैंक अच्छे रेस्तराँ के सामने है ।

문제 3

मोहन:

सुजिन:

मोहन:

सुजिन:

मोहन:

3 सुजिन क्या करके ताज महल देखने वाली है ?

① वह रेस्तराँ लेकर ताज महल देखने वाली है ।

② वह मोहन जी को खाने पर बुलाकर ताज महल देखने वाली है ।

③ वह खाना खाकर ताज महल देखने वाली है ।

④ वह आसपास चलकर ताज महल देखने वाली है ।

문제 4-5

मोहन:

सुजिन:

मोहन:

सुजिन:

मोहन:

4 सुजिन क्या ख़रीदने वाली है ?

① वह ताज महल लेने वाली है ।

② वह ताज महल का नमूना लेने वाली है ।

③ वह होटल लेने वाली है ।

④ वह होटल का शॉप लेने वाली है ।

5 सुजिन ताज महल का नमूना कहाँ जाकर ख़रीदना चाहती है ?

① वह ताज महल जाकर ख़रीदना चाहती है ।

② वह शॉप जाकर ख़रीदना चाहती है ।

③ वह मेरे पड़ोस में जाकर ख़रीदना चाहती है ।

④ वह होटल जाकर ख़रीदना चाहती है ।

हिन्दी प्रवेशिका

힌디어 VOCA 800

अंकल	아저씨, 삼촌	अँगूर	포도
अंग्रेज़ी*	영국의; 서양의; 영어	अंडा	알; 달걀; 신체
अंत	끝, 마지막, 종료; 결말, 결과	अंतर्राष्ट्रीय	국제적, 국제간
अंदर	~안에, 안으로; 안(쪽), 속, 내부	अक्सर	자주, 종종; 거의
अख़बार	신문	अगला	다음의, 앞의, 선두의
अच्छा	좋은; 우수; 선량한; 동의, 납득, 결의, 놀람 등의 반응을 나타내는 감탄사	अतिथि	손님; 객인
अदरक	생강	अध्यापक	선생, 교사, 교원
अनन्नास	파인애플	अनुरूप	유사한; 적당한
अपना	자신의 (재귀대명사 आप(자신)의 소유격)	अब	지금, 현재, 이제
अभी	바로 지금, 방금; 지금도	अभ्यास	연습, 수련
अर्थ	의미; 목적; 부, 재산	अवश्य	반드시, 꼭, 분명히
असली	본래의, 원래의; 실제의; 진짜의	अस्पताल	병원
अहम	중요한, 주요한, 중추적	आँसू	눈물
आज	오늘; 현재	आजकल	요즈음, 요사이, 어제오늘

आदमी	사람, 인간, 인류; 남성	आदाब	안녕하세요; 경례 (우르두 단어 अदब(존경, 예절, 정중함)의 복수 형태)
आदि	등, 따위; 시작, 개시, 처음; 초기의; 최초의	आधा	반의, 절반의, 1/2; 중도의
आना	오다; 도착하다; 나타나다; (화 등이) 나다	आप	당신들; 당신 (2인칭 복수/존칭복수 대명사)
आम	망고	आरंभ	최초; 시작, 개시
आराम	휴식, 쉼; 안락	आलू	감자
आवश्यक	필요한, 불가피한	आवश्यकता*	필요, 필요성, 불가피성
आसपास	주변(에), 근처(에); 가까이; 사방(에)	आसान	쉬운, 용이한; 간단한; 평이한
इतना	이만큼	इधर	이쪽에, 이쪽으로
इमारत*	건물, 건축물, 빌딩	इसलिए	그래서, 그러므로, 따라서
इस्तेमाल	사용	उठना	일어서다; 일어나다
उठाना	일어나게 하다; 세우다; 들다	उतरना	내리다; 내려오다
उत्तर	북(北), 북쪽; 북부; 북쪽의; 대답	उधर	저쪽에, 저쪽으로
ऊँट	낙타	ऊपर	위, 위쪽; 위에, 위쪽에

ऐसा	이러한	ऑटो*	오토릭샤 (모터 달린 인력거)
ओर*	쪽, 방향	और	그리고; 더; 다른
कंगी*	빗	कंबल	담요
कई	약간(의), 소수(의), 일부(의), 몇, 여러	कच्चा	설은, 익지 않은; 익숙하지 않은; 가공하지 않은
कठिन	어려운; 곤란한	कड़वा, कड़ुआ	쓴; 씁쓸한; 강렬한
कपड़ा	옷감, 천, 직물; 옷, 의복	कब	언제 (의문사)
कभी	언젠가, 때로	कभी-कभी	때때로, 가끔
कमरा	방	कमल	연, 연꽃
करना	하다	क़र्ज़	부채(負債), 빚
कल	내일; 어제	क़लम	펜
कलाकार	예술가	कसरत*	운동, 체조
कहना	말하다	कहाँ	어디서 (의문사)
कहानी*	이야기, 단편소설	कहानी-संग्रह	단편집
कहावत*	속담, 격언	का	~의 (소유격 후치사)
काफ़ी	충분한, 많은; 충분히, 꽤	काम	행위; 일, 업무, 직업; 작업; 바람, 욕망; 성애(性愛)

कार*	차(車, car)	कारण	이유, 원인
कार्य	일, 직무; 직업; 작업; 행위, 활동	कार्यक्रम	프로그램, 계획, (일의) 순서
काला	검은; 암흑의; 부정한	कि	종속절을 이끄는 보문표지; 또는; (행위의 동시성을 나타내는) 그 때
कितना	얼마나; 얼마나 많은 (의문사)	किताब*	책, 서적
किधर	어느 쪽에, 어느 쪽으로 (의문사)	कुछ	어떤 것, 무엇; 아무 것 (부정대명사). 조금, 약간, 몇; 좀
कुत्ता	개; 품성이 나쁜 사람	कुरता	꾸르따(북부 인도 전통 남성 상의)
कुर्सी*	의자	क़ुल्फ़ी*	꿀피(향신료, 견과류, 과일 등을 넣어 만든 인도식 아이스 케이크)
कूड़ा	쓰레기, 폐기물	कृपया	친절하게, 친절을 베풀어
केला	바나나	कैसा	어떠한 (의문사)
कैसे	어떠한 (의문사); 어떻게 (의문사)	कॉन्सर्ट	콘서트(concert), 연주회
कॉलेज	대학; 단과대학	को	~을/를 (목적격 후치사); ~에게 (여격 후치사)
कोई	누군가, 어떤 사람; 아무; 무엇인가; 아무 것 (부정대명사)	कोरिया	한국

कोरियायी/ कोरियाई*	한국의; 한국사람; 한국어	कोश	사전; 저장고, 금고
कोशिश*	노력; 시도	कोष्ठक	괄호; 참고
कौन	누구 (의문사)	कौन-सा	어떤, 무슨; 어떤 종류의
क्या	무엇 (의문사)	क्यों	왜 (의문사)
क्योंकि	왜냐하면	क्रम	순서; 수순; 과정
क्लास*	수업(class); 학급; 교실	खट्टा	신
खड़ा होना	서다	ख़तरनाक	위험한; 두려운
ख़तरा	위험, 위기; 불안	ख़त्म	끝난, 완료된, 종료된; 사멸된
ख़बर*	소식, 뉴스; 통지; 인식, 지각	ख़रबूज़ा	참외
ख़राब	나쁜; 악한; 변한, 상한; 고장난	ख़रीदना	사다, 구매하다
ख़रीदारी*	구매, 구입; 쇼핑	खाँसी*	기침
खाना	음식, 식사; 먹다; 섭취하다, 복용하다; 삼키다	खिड़की*	창, 창문
खीर*	키르(쌀을 우유, 설탕, 견과류와 함께 끓여 만든 후식용 우유 죽)	खीरा	오이
ख़ुदा हाफ़िज़	'신의 가호가 있기를' (신이 수호자)	खुलना	열리다, 풀리다

खुला	열린, 개방된	ख़ुश	기쁜, 행복한; 만족한; 건강한
ख़ुशी*	기쁨, 희열	ख़ून	피, 혈액
खेल	유희, 놀이; 경기	खेलना	놀다, 유희하다; 운동하다, 경기하다
खोना	잃다; 몰두하다	खोलना	열다; 뜨다; 개방하다
गंदा	더러운, 불결한; 천한; 나쁜	गरम/गर्म	뜨거운, 더운; 매운; 흥분한
गरमी/गर्मी*	열; 더위; 여름	ग़लत	잘못된, 틀린; 부적당한
ग़लती*	잘못; 틀림; 오해, 착각	गली*	골목길
गहरा	깊은; 심각한; 친밀한; 짙은	गाँव	마을, 부락; 고향
गाजर*	당근	गाड़ी*	차(車)
गाना	노래하다; 노래	गाय*	암소
गुठली*	덩어리; (과일 등의) 씨앗, 알맹이	गुस्सा	화, 분노
घंटा	종; 종소리; 1시간, 60분	घंटी*	(작은) 종, 초인종
घड़ी*	때, 시기; 시계	घर	집, 가옥; 가정
घी*	우유기름	घुसना	들어가다, 입장하다; 침입하다
घूमना	돌다; 돌아다니다; 산책하다; 배회하다	घोड़ा	말

चढ़ना	오르다; 상승하다	चपाती*	둥글 납작한 가정식 통밀 빵
चलना	움직이다; 나아가다; 옮기다; 걷다	चलाना	움직이게 하다; 운전하다; 운영하다
चाँद	달	चाचा	숙부, 작은아버지
चाची*	숙모	चाय*	짜이(인도식 밀크티)
चारों	넷 모두	चावल	쌀; 밥
चाहना	원하다, 바라다; 꾀하다; 좋아하다; 필요로 하다, 구하다	चिंता*	걱정, 우려; 배려; 사고, 고찰
चिट्ठी*	편지	चिड़िया*	새
चित्र	그림; 사진; 영상	चीज़*	물건, 물품; 부분; 도구
चीनी*	설탕; 중국인; 중국의	चुकना	끝나다, 종료되다; 완제되다
चुप*	침묵, 무언; 조용한; 말없는, 침묵의	चूड़ी*	팔찌
चूहा	쥐	चोट*	상처; 정신적 고통
चौड़ा	넓은	छत*	천장; 지붕
छात्र	남학생; 제자	छात्रा*	여학생
छात्रावास	기숙사	छूटना	자유로워지다, 해방되다; 이탈하다; 떠나다
छूना	만지다; 접촉하다, 건들리다; 감동하다	छोटा	작은; 어린; 소규모의

छोड़ना	풀어주다, 놓아주다; 그만두다, 버리다; 제외하다	छोले भटूरे	촐레 바뚜레(병아리콩 커리와 튀긴 빵)
जगत	세계, 전하; 장소; 세간	जगह*	장소; 자리, 좌석; 공간
जन्म	출생, 탄생; 생애	जन्मदिन	생일, 탄생일
ज़रा	적은, 작은; 조금, 약간; 적음; 작음	ज़रूर	꼭, 반드시; 필요한, 중요한
ज़रूरत*	필요; 필요성; 요구, 요청	ज़रूरी	필요한, 불가피한
जल्दी	빨리; 일찍; 쉽게	जाँच*	검사; 조사, 감정(鑑定); 확인
जाड़ा	한기, 오한; 겨울	जान	생명; 본질; 활력, 생명력; 연인
जानना	알다, 인식하다; 습득하다, 체득하다	जानवर	생물; 동물
जाना	가다, 떠나다; 지나가다; 잃다; 죽다	जी	존경을 표하는 불변화사
जीजा	형부, 매형	जीवन	생명; 삶; 인생; 생애, 일생; 수명
ज़ुकाम	감기	ज़ोर	힘; 체력; 효력
ज़्यादा	많은, 충분한; 매우, 대단히	झंडा	기(旗), 깃발
झूठ	거짓말	टमाटर	토마토
टैक्सी*	택시(taxi)	ठण्ड*	차가움, 냉기; 추움; 추위

ठण्डा	찬, 차가운, 추운	ठहरना	멈추다, 정지하다; 고이다; 머무르다
ठीक	옳은; 괜찮은; 적절한, 맞는; 적절하게, 맞게	डब्बा	상자, 용기; 도시락; (열차)차량
डाकघर/ डाकख़ाना	우체국	डिनर	저녁식사; 만찬 (dinner)
डॉक्टर	의사(doctor)	ड्राइवर	운전기사(driver)
ड्रामा	극(劇), 드라마 (drama)	तंदूर	딴두르, 화덕
तंदूरी चिकन	딴두리 치킨, 화덕(딴두르)에서 구운 양념 닭	तक	~까지; ~하는 한 (처소격 후치사)
तकलीफ़*	고통, 어려움, 불편; 증상	तनाव	긴장
तबीयत*	기분; 건강(상태); 성격	तरफ़*	방향; 쪽; 장소
तरबूज़/तरबूज़ा	수박	तरह*	종류; 방법, 수단; 양식, 형식
ताई*	백모	ताऊ/ताया	백부, 큰아버지
तारा	별; 동공; 운명	तारीख़*	날짜, 연월일; 역사
तुरंत	즉시, 즉각, 곧장	तेज़	날카로운, 예리한; 강렬한
तैयार	준비된; 각오한	तैयारी*	준비; 각오, 동의, 용의
तो	그러면 (접속사); ~~은/는 (강조사)	थकना	피곤하다, 피로하다, 지치다

थैला	(천) 가방	थोड़ा	적은; 조금, 약간
दंत	치아, 이	दक्षिण	남(南), 남쪽; 남부; 남쪽의; 오른쪽(의)
दफ़्तर	사무실; 직장	दरवाज़ा	문; 출입구
दर्द	통증, 아픔, 고통; 비애, 연민	दर्शन	봄; 알현; 철학, 사상
दवा/दवाई*	약, 의약품; 의료	दही	커드
दादा	친할아버지	दादी*	친할머니
दाम	가격, 값; 대금; 요금	दामाद	사위
दायाँ	오른쪽(의)	दाल*	콩, 콩류; 걸쭉한 콩요리
दिखाना	보여주다, 보게 하다; 전시하다; 나타내다	दिन	날, 일(日); 낮
दिलचस्प	흥미로운; 즐거운, 재미있는	दिलचस्पी*	관심; 흥미
दीवार*	벽	दुकान*	가게, 점포; 작업장
दुकानदार	가게주인, 점주	दुनिया*	세상, 세계; 세간; 현세, 장소
दूध	우유	दूर*	(시간, 공간, 관계 등이) 먼; 멀리; 멂
दूसरा	두 번째; 다음; 다른	देखना	보다, 목격하다; 관찰하다; 간파하다
देना	주다, 부여하다; 바치다; 넘기다	देर*	지연, 지체; 시간; 늦은

देश	나라, 국가; 지역; 고향	देहांत	사망
दोपहर*	정오; 오후	दोस्त	친구
दौड़ना	달리다, 뛰다	धन्यवाद	감사; 감사를 나타내는 말
धम्मा	불법(佛法). धर्म(다르마, 법(法))의 팔리(Pali)어	धर्म	다르마, 법(法); 도덕; 의무
धोना	씻다	ध्यान	주의, 배려; 명상; 사색
न	아니, 안 (부정어); 않다 (의문문의 끝에 강조)	नक़ली	가짜의; 위조된; 복제된
नमक	소금; 매력	नमकीन	짠; 매력적인; 짠 과자류
नमस्कार	안녕하십니까 (नमस्ते와 같은 의미인 데 조금 더 격식 있는 표현, 만날 때와 헤어질 때 모두 사용)	नमस्ते	안녕하세요 ('당신에게 머리를 숙인다'는 뜻, 만 날 때와 헤어질 때 모두 사용)
नमूना	본보기, 견본; 모형; 문양	नया	새, 새로운; 신선한
नरसों	그끄제, 글피	नहाना	목욕하다, 씻다
नहीं	아니오; 아니, 안 (부정어)	नान*	난. 화덕(딴두르)에 구운 백밀 빵
नाना	외할아버지	नानी*	외할머니
नाम	이름, 명칭; 명예; 평판	नामक	(~라는) 이름의, (~라고) 불리는

नारियल	코코넛	नाशपाती*	배
निकलना	나가다; 떠나다; 배출되다; 발원하다	निकालना	꺼내다, 빼내다; 추방하다; 내쫓다
निम्न/निम्न	밑의, 아래; 깊은	निम्बू	레몬
निश्चय/निश्चय	결정, 확정; 확신; 결의	नींद*	졸음, 잠
नीला	파란, 청색의	नौकरी*	직업, 일자리; 봉사; 근무
पंखा	선풍기	पकड़ना	잡다; 파악하다; 취하다
पकना	익다; 성숙하다; 확실하다	पकाना	익히다; 요리하다; 확실하게 하다
पक्का	익은; 성숙한; 견고한; 부동의; 확실한	पड़ना	떨어지다, 넘어지다; (우연히) 일어나다, 발생하다; 위치하다
पड़ोस	이웃, 근린, 인근	पढ़ना	읽다; 공부하다, 배우다, 학습하다
पढ़ाना	읽게 하다; 가르치다, 교수하다	पतला	마른; 가는; 좁은, 엷은
पता	주소; 소재; 정보	पति	주인; 남편
पत्नी*	아내, 처, 부인	पत्र	잎; 편지; 신문; 서류
पत्रकार	저널리스트, 언론인, 기자	पनीर	빠니르 (인도식 프레시치즈)
पपीता	파파야	पर	~위에 (처소격 후치사, 영어의 on); 그러나
परंतु	그러나, 그렇지만, 하지만	परिवार	가족, 가정; 세대; 일가

परीक्षा*	시험; 심사; 검진; 시련	परेशान	괴로운, 곤란한; 불안한
परेशानी*	괴로움, 곤혹; 불안, 심려	पर्दा	커튼; 막(幕)
पश्चिम	서(西), 서쪽; 서부; 서쪽의	पसंद*	좋아함; 기호; 취미; 좋아하는
पहनना	입다, 신다, 착용하다	पहले	먼저, 처음으로; 이전에
पहुँचना	도착하다, 도달하다	पानी	물; 수액(水液)
पालक	시금치	पास	가까움, 주변; 가까운, 근처의, 곁에; 가까이
पास होना	통과하다; 합격하다; 졸업하다	पिता	아버지
पीठ*	등; 배후	पीना	마시다; 흡입하다; 견디다, 참다
पीला	노란	पुत्र	아들
पुत्री*	딸	पुराना	오래된; 낡은; 만성의
पुरुष	남성, 남자; 선조	पुस्तक*	책, 서적, 도서
पुस्तकालय	도서관; 서고	पूछना	묻다, 질문하다
पूर्व	동(東), 동쪽; 동부; 동쪽의; 이전의	पेड़	나무
पैदल	도보; 도보의; 걸어서	पैसा	돈; 인도의 화폐단위 (100 पैसा = 1 रुपया)
पौने	-1/4	प्याज़	양파

प्यारा	사랑스러운; 예쁜	प्यास*	갈증; 욕구, 열망
प्रकाश	빛; 광선; 광명	प्रतीक्षा*	기다림, 대기; 기대
प्रयोग	사용; 이용; 실험, 적용; 용업	प्रश्न/प्रश्न	문제, 질문; 문제점; 의문
प्रसिद्ध	유명한, 저명한	प्रिस्क्रिप्शन	처방전(prescription)
प्रेम	사랑, 애정; 호의	फिर	다시, 또; 후에, 나중에
फ़िल्म*	필름(film); 영화	फीका	싱거운, 맛없는; (색 등이) 바랜, 희미해진; 시든
फूफा	고모부	फूल	꽃
फूलमाला*	화환	फ़्लू	독감(flu)
बंदगोभी*	양배추	बंदर	원숭이
बग़ीचा	작은 정원; 화원	बजना	울리다; (시계, 악기 등이) 소리 나다; ~시(時)이다
बजाना	울리게 하다; (악기를) 연주하다	बड़ा	커다란, 큰; (나이가) 많은; (지위가) 높은
बढ़ना	크다, 성장하다; 늘다, 증가하다; 연장되다	बढ़िया	탁월한, 훌륭한, 뛰어난, 아주 좋은
बताना	말하다; 전달하다; 알려주다	बदन	몸, 신체, 육체
बदलना	바뀌다, 변하다, 달라지다; 바꾸다, 변화시키다	बनना	만들어지다; ~이 되다, 생기다

बनाना	만들다; 작성하다; 건설하다	बराबार	같은, 동등한, 대등한
बर्फ़*	눈; 얼음	बस स्टॉप	버스 정류장 (bus stop)
बस*	버스(bus)	बहन*	여자형제, 누나, 언니, 여동생
बहुत	많은, 충분한; 매우, 대단히	बहू*	며느리
बाक़ी*	남아 있는, 남은; 나머지, 남은 것, 잔여; 잔금	बाज़ार	시장
बात*	이야기; 발언; 회화; 일, 사건; 상황	बातचीत*	회화; 상담; 대화
बाद	다음, 후	बाप	아버지, 부친
बायाँ	왼쪽의; 반대의	बार*	시간, 때; 번(番)
बारिश*	비; 우기	बाल-बच्चा	자식, 자녀
बाहर	밖, 바깥; 밖에, 바깥으로	बिल्ली*	고양이
बीच	중간, 가운데	बीचोंबीच	중앙; 한가운데
बीमार	아픈, 병든; 부진한, 악화된	बीमारी*	병(病); 악폐
बुआ/फूफी*	고모	बुख़ार	열, 발열; 열중(상태)
बुद्ध	깨달은, 각성한; 붓다, 부처	बुरा	나쁜; 악(惡)한; 추한
बुराई*	악; 폐해; 악함, 나쁜 일; 악습	बुलाना	부르다; 소집하다

बेचना	팔다, 판매하다	बेटा	아들
बेटी*	딸	बैंक	은행(bank)
बैठना	앉다; 자리잡다	बैरा	(식당의) 종업원 (bearer)
बोलना	말하다; 소리 내다; 지저귀다	ब्रह्मा	브라흐마. 창조의 신 (힌두교)
ब्लैकबोर्ड	칠판(blackboard)	भतीजा	조카
भरना	채우다	भाई	남자형제, 형, 오빠, 남동생
भाभी*	형수, 새언니	भारत	인도
भारी	무거운; 대량의; 중대한	भाषा*	언어; 현대 인도 고유어
भिन्न/भिन्न	다른; 다양한; 파편; 분수	भी	~도
भीड़*	군중, 무리, 사람들	भीतर	~안에, 안으로; 안(쪽), 속, 내부, 내면; 중간
भूख*	배고픔, 허기, 시장기; 욕망; 갈망	भेजना	보내다
भोजन	음식; 식량; 식사	मंज़िल*	층(層); 단계; 목적지
मंदिर	사원, 신전; 집; 건물	मकान	집, 가옥
मक्खन	버터	मछली*	생선
मज़ा	맛, 미각; 즐거움; 재미	मज़ेदार	맛있는; 재미난, 흥미로운

मदद*	도움; 원조; 응원	मरना	죽다, 사망하다
मरीज़	환자	मशहूर	유명한, 저명한, 고명한
मसाला	향신료	महँगा	비싼, 고가의
महत्त्वपूर्ण	중요한	महसूस	느껴진; 감지한, 지각한; 경험한
महिला*	숙녀, 여성, 여자	महीना	달, 월
माँ*	엄마	माँगना	요구하다; 청구하다
मांस	살; (식용) 고기	मांसाहार	육식
मांसाहारी	육식을 하는; 육식주의자	माता*	어머니, 모친
माता-पीता	부모	मानना	받아들이다, 인정하다; 승인하다
माफ़	용서된; 양해된; 사면된; 면제된	मामा	외삼촌
मामी*	외숙모	माला*	목걸이; 화환
मालिक	주인; 우두머리; 소유자	मालूम	아는, 알고 있는; ~인 것처럼 보이는
मिठाई*	인도식 당과(糖菓)	मिनट	분(分, minute)
मिर्च*	고추	मिलना	만나다; 받다; 얻다; 섞이다
मिलाना	섞다; 합치다, 결합하다, 모으다; 만나게 하다	मीठा	단, 감미로운, 달콤한

मुश्किल*	곤란, 어려움; 곤란한, 어려운	मूँगफली*	땅콩
मूर्ति*	상(像); 신상(神像)	मूली*	무
में	~에 (처소격 후치사)	मेज़*	상(床); 책상
मेट्रो*	전철, 메트로(metro)	मेन्यू	메뉴(menu)
मेला	(정기) 장, 축제 겸 장; 전시회, 박람회	मेहमान	손님; 방문자
मेहरबानी*	친절, 호의, 후의	मैं	나 (1인칭 단수 대명사)
मैदान	들, 들판, 운동장	मोटा	뚱뚱한; 굵은
मोबाइल फ़ोन	휴대전화 (mobile phone)	मोर	공작
मौक़ा	기회, 때; 호기; 기간	मौसम	날씨; 때; 계절
मौसा	이모부	मौसी*	이모
यहाँ	여기, 이곳; 여기에	या	또는, 혹은
यात्रा*	여행; 순례; 행진	यात्री	여행객; 순례자; 통행인
रंग	색; 염료; 오락; 무대, 극장	रखना	놓다, 두다; 유지하다
रहना	살다, 생활하다, 머무르다; 지속되다	रात*	밤
रान*	넓적다리; 란(양(염소) 넓적다리 양념구이)	राष्ट्र	국가, 나라; 민족

राष्ट्रीय	국가의; 나라의; 민족의	रास्ता	길, 도로; 도(道); 방법
रुकना	멈추다, 머무르다; 정지하다	रुपया-पैसा	돈, 재물, 부(富)
रेस्तराँ	식당(restaurant)	रोकना	세우다, 멈추게 하다, 정지시키다
रोज़	날; 낮; 날마다, 매일	रोटी*	둥글 납작한 가정식 통밀 빵
रोना	울다; 불평하다; 하소연하다	लंबा	긴; 높은
लगना	접하다, 붙다; 느끼다; 걸리다; 여기다	लड़का	남자아이; 아들; 남학생
लड़की*	여자아이; 딸; 여학생	लड़ना	싸우다; 전쟁하다; 시합하다
लड़ाई*	싸움, 다툼; 전투, 전쟁	लहसुन	마늘
लाना	가져오다; 데려오다; 사오다	लाल	붉은; 홍옥
लिखना	쓰다; 저술하다	लेकिन	그러나, 그렇지만, 하지만
लेना	받다, 가지다, 취하다; 얻다; 먹다; 사다	लोग	사람들, 인간; 세상 일반, 세간
वसंत	봄	वहाँ	거기/저기, 그곳/저곳; 거기에/저기에
वाक्य	문장	वापस	돌아온, 귀환한; 뒤로, 퇴각한; 반환한

-वाला	선행하는 어휘의 직업, 특성, 소유, 예정 등을 나타내는 일종의 접미사	विज्ञान	과학; 지식, 학식
विदेश	외국	विदेशी	외국의; 외국계의; 외국인
विद्या	지식; 학문, 전문지식; 교육	विद्यार्थी	학생
विद्यालय	학교	विष्णु	비슈누. 유지의 신 (힌두교)
वेतन	임금; 급여, 월급	व्यस्त	바쁜, 분주한; 번화한
शक्ति*	힘; 능력; 세력; 권력; 권한	शब्द	음성, 소리; 단어; 어휘
शरत्*	가을	शराब*	술
शहर	도시	शाक	야채; 야채요리
शाकाहार	채식	शाकाहारी	채식을 하는; 채식주의자
शादी*	결혼; 희열; 결혼식	शादीशुदा	기혼의, 결혼한; 기혼자
शाम*	저녁, 황혼	शायद	아마도; 어쩌면; 다분히
शिव	시바. 파괴의 신 (힌두교)	शुक्रिया	감사, 감사를 나타내는 말
शुभ	길한, 귀한; 빛나는; 좋은	शुरू	시작; 최초; 초기의
शोर	소음; 소란, 소동	श्री	Mr., 씨; 부귀; 아름다움; 빛남; 영화

श्रीमती*	Mrs., 여사; 부인	संगमरमर	대리석
संगीत	음악	संग्रह	모음; 획득; 수장품
सकना	~할 수 있다 (영어의 can과 같은 조동사)	सड़क*	길, 도로
सपना	꿈; 염원	सप्ताह	주(週), 일주일
सफ़ेद	흰, 하얀	सब	모두, 일체의, 전체의; 전체; 전원
सब्ज़ी*	녹색; 초목; 채소, 야채	सभा	회의; 모임; 의회, 의원; 협회
समझना	이해하다; 알다; 생각하다	समय	시간; 시각; 때, 기회
समाचार	소식; 알림, 보도	समाचार-पत्र	신문
समान	같은, 동등한; 평등한, 대등한	समानता*	평등; 대등; 유사
सरल	곧은; 단순한; 솔직한; 쉬운	सर्दी*	차가움, 추움; 추위; 겨울
सवा	+ 1/4	सवाल	문제, 질문; 문제점; 의문
सवेरे	아침에	ससुर	시아버지, 장인
सस्ता	싼, 저렴한	सहेली*	친구 (여자들 사이에서의)
साड़ी*	사리 (인도 여성 전통의상)	साढ़े	+ 1/2
साथ	공동, 관련; 인접	साफ़	깨끗한, 청결한; 명확한

साबुन	비누	सामने	앞에, 정면에, 전면에
सामान	물건, 짐; 상품; 도구	सारा	전부, 온, 모든; 전체의
साल	해, 년(年)	साला	아내의 남자형제 (형님, 처남)
साली*	아내의 여자형제 (처형, 처제)	सास*	시어머니, 장모
साहब	선생님; 나리; 주인	सिखाना	가르치다; 훈련시키다
सिगरेट	담배	सितार	씨따르 (20줄 안팎의 인도의 전통 현악기)
सिनेमाघर	영화관	सीखना	배우다, 학습하다, 습득하다
सीट*	자리, 좌석(seat)	सीधे	곧장, 곧바로, 곧게
सुंदर	아름다운; 잘 생긴, 미모의	सुनना	듣다; 청취하다; 동의하다, 인정하다
सुनाना	들려주다; 말하게 하다	सुबह*	아침; 오전; 아침에
सूर्य	해, 태양	से	~로 (도구격 후치사); ~로부터 (탈격 후치사)
सेब	사과	सोचना	생각하다, 사고하다; 검토하다
सोना	자다; 금(金)	स्टेशन	(기차나 전철 등의) 역(station)
स्वभाव	성격, 성질, 기질; 본성	स्वर	소리; 음(音)
स्वस्थ	건강한; 건전한	स्वादिष्ट	맛있는

हँसना	웃다; 비웃다	हफ़्ता	주(週), 일주일
हम	우리 (1인칭 복수 대명사)	हर	매(每), 각(各)
हरा	푸른	हलका	가벼운; 옅은; 얇은; 경박한
हवा*	공기, 대기; 바람	हवाई जहाज़	비행기
हाट*	(정기) 장; 시장	हाथी	코끼리
हाल	상태, 상황, 정세; 현재(의)	हिंदी*	힌디어
हिंदुस्तान	인도	हिंदुस्तानी	인도의; 인도인; 인도어
ही	바로 (강조사)	होटल	호텔(hotel)
होना	~이다, 있다		

• 숫자

एक	दो	तीन	चार	पाँच	छः	सात	आठ	नौ	दस
1	2	3	4	5	6	7	8	9	10
ग्यारह	बारह	तेरह	चौदह	पन्द्रह	सोलह	सत्रह	अठारह	उन्नीस	बीस
11	12	13	14	15	16	17	18	19	20
इक्कीस	बाईस	तेईस	चौबीस	पच्चीस	छब्बीस	सत्ताईस	अट्ठाईस	उनतीस	तीस
21	22	23	24	25	26	27	28	29	30
इकतीस	बत्तीस	तैंतीस	चौंतीस	पैंतीस	छत्तीस	सैंतीस	अड़तीस	उनतालीस	चालीस
31	32	33	34	35	36	37	38	39	40
इकतालीस	बयालीस	तैंतालीस	चौवालीस	पैंतालीस	छियालीस	सैंतालीस	अड़तालीस	उनचास	पचास
41	42	43	44	45	46	47	48	49	50
इक्यावन	बावन	तिरपन	चौवन	पचपन	छप्पन	सत्तावन	अट्ठावन	उनसठ	साठ
51	52	53	54	55	56	57	58	59	60
इकसठ	बासठ	तिरसठ	चौंसठ	पैंसठ	छियासठ	सड़सठ	अड़सठ	उनहत्तर	सत्तर
61	62	63	64	65	66	67	68	69	70
इकहत्तर	बहत्तर	तिहत्तर	चौहत्तर	पचहत्तर	छिहत्तर	सतहत्तर	अठहत्तर	उन्नासी	अस्सी
71	72	73	74	75	76	77	78	79	80
इक्यासी	बयासी	तिरासी	चौरासी	पचासी	छियासी	सतासी	अट्ठासी	नवासी	नब्बे
81	82	83	84	85	86	87	88	89	90
इक्यानवे	बानवे	तिरानवे	चौरानवे	पचानवे	छियानवे	सतानवे	अट्ठानवे	निन्यानवे	एक सौ
91	92	93	94	95	96	97	98	99	100

हज़ार	दस हज़ार
천(1,000)	만(10,000)
लाख	दस लाख
십만(1,00,000)	백만(10,00,000)
करोड़	दस करोड़
천만(1,00,00,000)	억(10,00,00,000)
अरब	दस अरब
십억(1,00,00,00,000)	백억(10,00,00,00,000)

• 요일

सोमवार	मंगलवार	बुधवार	बृहस्पतिवार, गुरुवार	शुक्रवार	शनिवार	रविवार, इतवार
월요일	화요일	수요일	목요일	금요일	토요일	일요일

• 달

जनवरी	फ़रवरी	मार्च	अप्रैल	मई	जून
1월	2월	3월	4월	5월	6월
जुलाई	अगस्त	सितम्बर	अक्टूबर	नवम्बर	दिसम्बर
7월	8월	9월	10월	11월	12월

• शरीर 신체, 몸

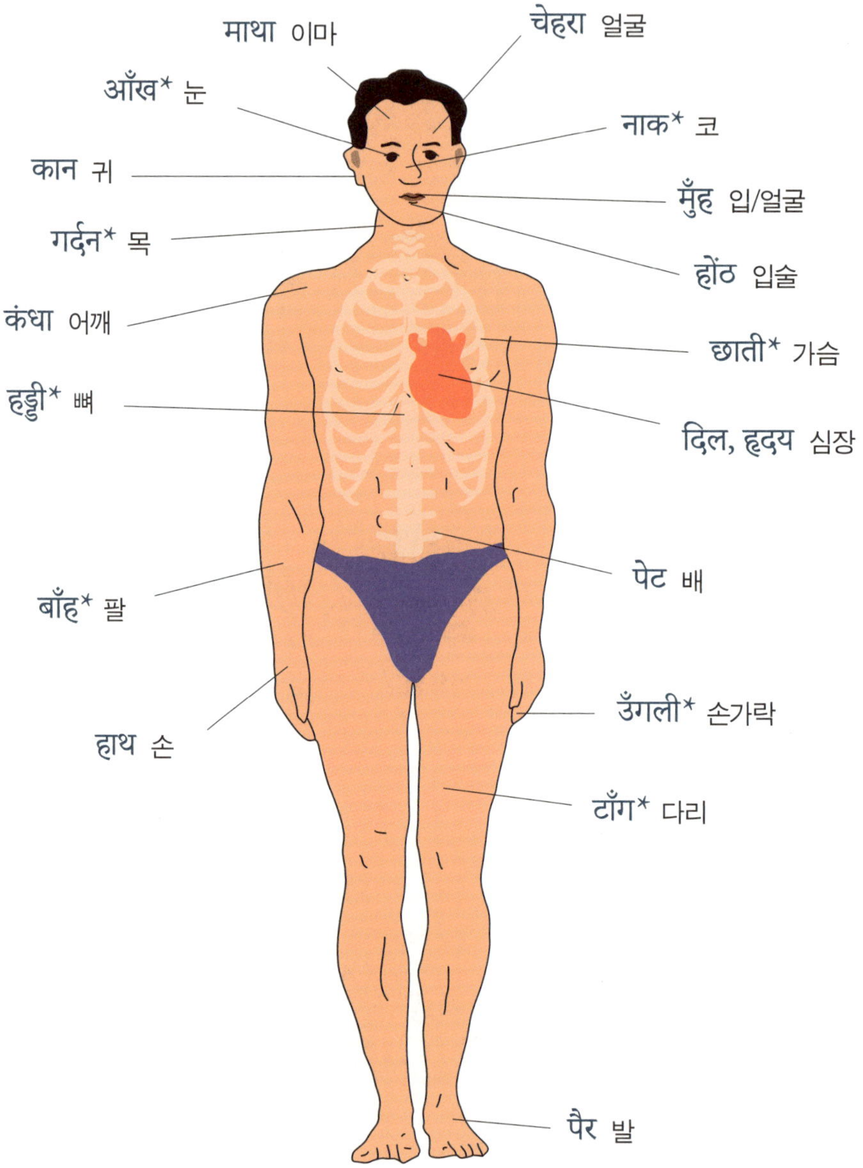
माथा 이마
चेहरा 얼굴
आँख* 눈
नाक* 코
कान 귀
मुँह 입/얼굴
गर्दन* 목
होंठ 입술
कंधा 어깨
छाती* 가슴
हड्डी* 뼈
दिल, हृदय 심장
पेट 배
बाँह* 팔
उँगली* 손가락
हाथ 손
टाँग* 다리
पैर 발

हिन्दी प्रवेशिका

연습문제 정답

문자 3과

연습 1

자음 \ 모음	अ	आ	इ	ई	उ	ऊ	ऋ	ए	ऐ	ओ	औ
क्	क	का	कि	की	कु	कू	कृ	के	कै	को	कौ
ख्	ख	खा	खि	खी	खु	खू	खृ	खे	खै	खो	खौ
ग्	ग	गा	गि	गी	गु	गू	गृ	गे	गै	गो	गौ
घ्	घ	घा	घि	घी	घु	घू	घृ	घे	घै	घो	घौ
च्	च	चा	चि	ची	चु	चू	चृ	चे	चै	चो	चौ
छ्	छ	छा	छि	छी	छु	छू	छृ	छे	छै	छो	छौ
ज्	ज	जा	जि	जी	जु	जू	जृ	जे	जै	जो	जौ
झ्	झ	झा	झि	झी	झु	झू	झृ	झे	झै	झो	झौ
ट्	ट	टा	टि	टी	टु	टू	टृ	टे	टै	टो	टौ
ठ्	ठ	ठा	ठि	ठी	ठु	ठू	ठृ	ठे	ठै	ठो	ठौ
ड्	ड	डा	डि	डी	डु	डू	डृ	डे	डै	डो	डौ
ढ्	ढ	ढा	ढि	ढी	ढु	ढू	ढृ	ढे	ढै	ढो	ढौ
ण्	ण	णा	णि	णी	णु	णू	णृ	णे	णै	णो	णौ
त्	त	ता	ति	ती	तु	तू	तृ	ते	तै	तो	तौ
थ्	थ	था	थि	थी	थु	थू	थृ	थे	थै	थो	थौ

모음 자음	अ	आ	इ	ई	उ	ऊ	ऋ	ए	ऐ	ओ	औ
द्	द	दा	दि	दी	दु	दू	दृ	दे	दै	दो	दौ
ध्	ध	धा	धि	धी	धु	धू	धृ	धे	धै	धो	धौ
न्	न	ना	नि	नी	नु	नू	नृ	ने	नै	नो	नौ
प्	प	पा	पि	पी	पु	पू	पृ	पे	पै	पो	पौ
फ्	फ	फा	फि	फी	फु	फू	फृ	फे	फै	फो	फौ
ब्	ब	बा	बि	बी	बु	बू	बृ	बे	बै	बो	बौ
भ्	भ	भा	भि	भी	भु	भू	भृ	भे	भै	भो	भौ
म्	म	मा	मि	मी	मु	मू	मृ	मे	मै	मो	मौ
य्	य	या	यि	यी	यु	यू	यृ	ये	यै	यो	यौ
र्	र	रा	रि	री	रु	रू	रृ	रे	रै	रो	रौ
ल्	ल	ला	लि	ली	लु	लू	लृ	ले	लै	लो	लौ
व्	व	वा	वि	वी	वु	वू	वृ	वे	वै	वो	वौ
श्	श	शा	शि	शी	शु	शू	शृ	शे	शै	शो	शौ
ष्	ष	षा	षि	षी	षु	षू	षृ	षे	षै	षो	षौ
स्	स	सा	सि	सी	सु	सू	सृ	से	सै	सो	सौ
ह्	ह	हा	हि	ही	हु	हू	हृ	हे	है	हो	हौ
ड़्	ड़	ड़ा	ड़ि	ड़ी	ड़ु	ड़ू	ड़ृ	ड़े	ड़ै	ड़ो	ड़ौ
ढ़्	ढ़	ढ़ा	ढ़ि	ढ़ी	ढ़ु	ढ़ू	ढ़ृ	ढ़े	ढ़ै	ढ़ो	ढ़ौ

연습 2

1) क्क 2) क्य 3) क्र 4) क्ष

5) ङ्ग 6) च्छ 7) ज्ञ 8) ञ्च

9) ट्ठ / ट्ठ 10) ट्र 11) ठ्य 12) ड्र

13) ण्ड 14) त्त 15) त्र 16) द्य

17) ध्य 18) न्त 19) न्द 20) न्न

21) प्र 22) फ़्त 23) ब्ज़ 24) ब्द

25) भ्य 26) म्न 27) म्ब 28) म्ह

29) य्य 30) र्थ 31) र्स 32) ल्द

33) व्य 34) शृ 35) श्च / श्च 36) श्न / श्न

37) श्य 38) श्र 39) स्व 40) ह्य

1과

쓰기

1. नमस्ते, हुसैन साहब !
2. आप कैसी हैं ?
3. मैं अच्छी हूँ ।
4. आप कैसे हैं ?
5. मैं भी अच्छा हूँ ।
6. आजकल श्री और श्रीमती चौहान कैसे हैं ?
7. आजकल वे ठीक हैं ।
8. आज मैं थोड़ा व्यस्त हूँ ।
9. तो फिर कल मिलेंगे ।
10. ख़ुदा हाफ़िज़, आशा जी !

연습

1. (1) आप कैसी हैं?
   (2) मैं कैसा हूँ ?
   (3) मैं कैसी हूँ ?
   (4) श्री और श्रीमती चौहान कैसे हैं ?

2. (1) मैं अच्छी हूँ ।
   (2) आप अच्छे हैं ।
   (3) आप अच्छी हैं ।
   (4) श्री और श्रीमती चौहान अच्छे हैं ।

3. (1) श्री चौहान अच्छे हैं ।
   (2) श्री चौहान व्यस्त हैं ।

(3) श्री चौहान कैसे हैं ?

(4) श्री चौहान सुन्दर हैं ।

4. (1) श्रीमती चौहान अच्छी हैं ।

(2) श्रीमती चौहान व्यस्त हैं ।

(3) श्रीमती चौहान कैसी हैं ?

(4) श्रीमती चौहान सुन्दर हैं ।

5. (1) आशा जी अच्छी हैं और मैं भी अच्छा हूँ ।

(2) श्रीमती चौहान व्यस्त हैं और वे भी व्यस्त हैं ।

(3) वे सुन्दर हैं और मैं भी सुन्दर हूँ ।

(4) हुसैन साहब बड़े हैं और आप भी बड़ी हैं ।

단원평가

문제 1-2

आशा :	नमस्ते, हुसैन साहब !
हुसैन :	आदाब, आशा जी !
	आप कैसी हैं ?
आशा :	मैं अच्छी हूँ । आप कैसे हैं ?
हुसैन :	मैं भी बहुत अच्छा हूँ ।

정답 1. ③ 2. ④

문제 3-4

आशा :	आजकल श्री और श्रीमती चौहान कैसे हैं ?
हुसैन :	वे ठीक हैं ।
	आशा जी, आज मैं थोड़ा व्यस्त हूँ ।
आशा :	अच्छा, हुसैन साहब । तो फिर कल मिलेंगे ।

정답 3. ③ 4. ②

2과

쓰기

1. आप कहाँ से हैं ?
2. मैं दक्षिण कोरिया से हूँ ।
3. आप का नाम क्या है ?
4. आप कब से भारत में हैं ?
5. मैं एक महीने से भारत में हूँ ।
6. बैंक किधर है ?
7. बैंक उधर है, अगले बस स्टॉप के पास ।
8. बैंक यहाँ से कितना दूर है ?
9. हम लोग फिर क्यों मिलेंगे ?
10. आज शाम को एक अच्छा कार्यक्रम है ।

연습

1. (1) तू कहाँ से है ?
   (2) तुम कहाँ से हो ?
   (3) वह कहाँ से है ?
   (4) वे लोग कहाँ से हैं ?

2. (1) तू कब से भारत में है ?
   (2) तुम कब से भारत में हो ?
   (3) यह कब से भारत में है ?
   (4) ये कब से भारत में हैं ।

3. (1) हम लोग फिर कैसे मिलेंगे ?
   (2) हम लोग फिर कब मिलेंगे ?
   (3) हम लोग फिर कहाँ मिलेंगे ?
   (4) हम लोग फिर किधर मिलेंगे ?

4. (1) बैंक कितना दूर है ?
   (2) बैंक कब से है ?
   (3) बैंक कहाँ है ?
   (4) बैंक क्यों है ?

5. (1) तुम कौन हो ?
   (2) वह कार्यक्रम कैसा है ?
   (3) मैं कहाँ हूँ ?
   (4) यह क्या है ?

단원평가

문제 1-2

आशा :	मिनहो जी, आप कहाँ से हैं ?
ई :	मैं दक्षिण कोरिया से हूँ ।
आशा :	अच्छा ।
	आप कब से भारत में हैं ?
ई :	मैं एक महीने से भारत में हूँ ।
आशा :	तो आप दिल्ली में कब से हैं ?
ई :	एक हफ़्ते से ।

정답 1. ③ 2. ①

문제 3-4

ई :	आशा जी, यहाँ बैंक किधर है ?
आशा :	बैंक उधर है, अगले बस स्टॉप के पास ।
ई :	बैंक यहाँ से कितना दूर है ?
आशा :	(यहाँ से) पास ही है ।

정답 3. ④ 4. ③

문제 5

ई :	हम लोग फिर क्यों मिलेंगे ?
आशा :	आज शाम को एक अच्छा कार्यक्रम है ।
ई :	माफ़ कीजिए । मैं आज शाम को थोड़ा व्यस्त हूँ ।
आशा :	कोई बात नहीं ।

정답 5. ①

3과

쓰기

1. क्या आप हुसैन साहब हैं ?
2. जी नहीं, मैं हुसैन साहब नहीं हूँ ।
3. क्या आप ही हुसैन साहब के दोस्त चौहान जी हैं ?
4. जी हाँ, मैं हुसैन का दोस्त चौहान हूँ ।
5. क्या आप भी कलाकार हैं ?
6. जी नहीं, मैं कलाकार नहीं हूँ । मैं पत्रकार हूँ ।
7. क्या आजकल कोई अच्छा कार्यक्रम है ?
8. जी हाँ, आजकल कुछ अच्छे कार्यक्रम हैं ।
9. क्या हम लोग कल शाम को फिर मिलेंगे ?
10. जी हाँ, हम लोग कल शाम को फिर मिलेंगे ।

연습

1. (1) क्या वे श्रीमती चौहान हैं ?
   (2) क्या तुम कलाकार हो ?
   (3) क्या तू पत्रकार है ?
   (4) क्या वह चौहान का दोस्त है ?

2. (1) जी नहीं, वे श्रीमती चौहान नहीं हैं ।
   (2) जी नहीं, मैं कलाकार नहीं हूँ ।
   (3) जी नहीं, हम पत्रकार नहीं हैं ।
   (4) जी नहीं, वह चौहान का दोस्त नहीं है ।

3. (1) क्या मैं पत्रकार हूँ ?
   (2) क्या वे आशा जी हैं ?
   (3) क्या वे हुसैन साहब हैं ?
   (4) क्या वह विद्यार्थी है ?

4. (1) क्या यहाँ आज शाम को कुछ कार्यक्रम हैं ?
   (2) क्या यहाँ आज रात को कोई विद्यार्थी है ?
   (3) क्या यहाँ कल सुबह कुछ विद्यार्थी हैं ?
   (4) क्या यहाँ आज दोपहर को कुछ कलाकार हैं ?

5. (1) जी हाँ, यहाँ आज शाम को कुछ कार्यक्रम हैं ।
   (2) जी हाँ, यहाँ आज रात को कोई विद्यार्थी है ।
   (3) जी हाँ, यहाँ कल सुबह कुछ विद्यार्थी हैं ।
   (4) जी हाँ, यहाँ आज दोपहर को कुछ कलाकार हैं ।

단원평가

문제 1-2

किम :	नमस्कार, क्या आप हुसैन साहब हैं ?
चौहान :	जी नहीं, मैं हुसैन साहब नहीं हूँ ।
किम :	अच्छा ? तो क्या आप ही हुसैन साहब के दोस्त चौहान जी हैं ?
चौहान :	जी हाँ, मैं हुसैन का दोस्त चौहान हूँ ।
	आप तो श्रीमती किम जी हैं न ?
किम :	जी, मैं किम हूँ ।

정답 1. ② 2. ③

문제 3-4

किम :	चौहान जी, क्या आप भी कलाकार हैं ?
चौहान :	जी नहीं, मैं कलाकार नहीं हूँ । मैं पत्रकार हूँ ।
किम :	अच्छा, यह बताइए, क्या आजकल कोई अच्छा कार्यक्रम है ?
चौहान :	जी हाँ, कुछ अच्छे कार्यक्रम हैं ।
	कल शाम को बहुत ही अच्छा सितार कॉन्सर्ट है ।

정답 3. ④ 4. ③

문제 5

किम :	चौहान जी, क्या हम लोग कल शाम को फिर मिलेंगे ?
चौहान :	जी हाँ, ज़रूर किम जी ! हम लोग कल शाम को फिर मिलेंगे ।

정답 5. ②

4과

쓰기

1. आइए, आइए, अन्दर आइए ।
2. आप वहाँ न बैठिए । यहाँ बैठिए !
3. आज मौसम कितना अच्छा है !
4. तुम पानी लाना !
5. यह पीने का पानी है ।
6. आप आज हमारे यहाँ ज़रूर भोजन कीजिए ।
7. खाना तैयार है ।
8. आप फिर खाने पर आइएगा ।
9. आप यहाँ से कैसे जाइएगा ?
10. कृपया एक टैक्सी बुला दीजिए ।

연습

1. (1) यह पढ़ने का मौक़ा है ।
   (2) ये सोने के कमरे हैं ।
   (3) यह लिखने की मेज़ है ।
   (4) ये खाने की चीज़ें हैं ।

2. (1) आप वहाँ न खाइए । यहाँ खाइए ।
   (2) आप वहाँ न गाइए । यहाँ गाइए ।
   (3) आप वहाँ भोजन न कीजिए । यहाँ भोजन कीजिए ।
   (4) आप वहाँ पानी न पीजिए । यहाँ पीजिए ।

3. (1) तुम वहाँ मत खाओ । यहाँ खाओ ।
   (2) तुम वहाँ मत गाओ । यहाँ गाओ ।
   (3) तुम वहाँ मत देखो । यहाँ देखो ।
   (4) तुम वहाँ पानी मत पिओ । यहाँ पिओ ।

4. (1) कृपया वह चित्र लीजिए ।
   (2) कृपया वह चित्र दीजिए ।
   (3) कृपया वह चित्र ख़रीदिए ।
   (4) कृपया वह चित्र लाइए ।

5. (1) आप कैसे भोजन कीजिएगा ?
   (2) आप कैसे बैठिएगा ?
   (3) आप कैसे आइएगा ?
   (4) आप कैसे जल्दी टैक्सी बुला दीजिएगा ?

단원평가

문제 1-2

चौहान:	ई साहब, आइए, आइए, अन्दर आइए ।
	वहाँ न बैठिए । यहाँ बैठिए !
	आज मौसम कितना अच्छा है !
ई:	जी हाँ, चौहान जी, देखिए, आज मौसम बहुत अच्छा है ।
चौहान:	ओ दीपा, ई साहब आए हैं ।

정답 1. ④ 2. ③

문제 3-4

दीपा:	नमस्कार ई साहब, आप आज हमारे यहाँ ज़रूर भोजन कीजिए ।
ई:	जी, बहुत शुक्रिया, दीपा जी ।
दीपा:	खाना तैयार है । इधर आइए ।
	भोजन कीजिए ।
ई:	खाना बहुत स्वादिष्ट है ।

정답 3. ① 4. ③

문제 5

ई:	दीपा जी, अब मैं चलता हूँ ।
दीपा:	ई साहब, आप यहाँ से कैसे जाइएगा; टैक्सी से या ऑटो से ?
ई:	कृपया एक टैक्सी बुला दीजिए ।

정답 5. ②

5과

쓰기

1. क्या यह आप का नया मकान है ?
2. यह मेरा मकान नया है ।
3. आप के मकान में कितने कमरे हैं ?
4. मेरे मकान में चार कमरे हैं ।
5. तीन कमरे बड़े हैं और एक कमरा काफ़ी छोटा है ।
6. यहाँ कई मूर्तियाँ और चित्र हैं !
7. वह त्रिमूर्ति है, ब्रह्मा, विष्णु और शिव की ।
8. वह चित्र सीता-राम का है न ?
9. उस चित्र पर एक फूलमाला है ।
10. त्रिमूर्ति पर तो तीन फूलमालाएँ हैं ।

연습

1. (1) क्या यह आप का नया कमरा है ?
   (2) क्या ये आप के नये कमरे हैं ?
   (3) क्या यह आप की नयी(= नई) घड़ी है ?
   (4) क्या ये आप की नयी(= नई) घड़ियाँ हैं ?

2. (1) यहाँ कई मेज़ें और कुर्सियाँ हैं ।
   (2) यहाँ कई सेब और नाशपातियाँ हैं ।
   (3) यहाँ कई दरवाज़े और खिड़कियाँ हैं ।
   (4) यहाँ कई लड़के और लड़कियाँ हैं ।

3. (1) तुम्हारा यह मंदिर नया है ।
   (2) हमारे ये कमरे नये हैं ।
   (3) तेरी यह पुस्तक नयी(= नई) है ।
   (4) उनकी ये फूलमालाएँ नयी(= नई) हैं ।

4. (1) तुम्हारे मकान में कितने दरवाज़े हैं ?
   (2) मेरे मकान में कितनी खिड़कियाँ हैं ?
   (3) तेरे मकान में कितने चित्र हैं ?
   (4) हमारे मकान में कितनी मेज़ें हैं ?

5. (1) वे चित्र तुम्हारे हैं ।
   (2) ये कमरे हमारे हैं ।
   (3) वह मूर्ति तेरी है ।
   (4) वे फूलमालाएँ मेरी हैं ।

단원평가

문제 1-2

किम:	चौहान जी, क्या यह आप का नया मकान है ?
	मकान बहुत बढ़िया है !
	आप के मकान में कितने कमरे हैं ?
चौहान :	(मेरे मकान में) चार कमरे हैं ।
	तीन कमरे बड़े हैं, और एक कमरा काफ़ी छोटा है ।

정답 1. ③ 2. ④

문제 3-5

चौहान :	यह मंदिर है ।
किम:	यहाँ कई मूर्तियाँ और चित्र हैं ! वह क्या है ?
चौहान :	वह त्रिमूर्ति है, ब्रह्मा, विष्णु और शिव की ।
किम:	वह चित्र सीता-राम का है न ?
	उस चित्र पर एक फूलमाला है ।
	त्रिमूर्ति पर तो तीन फूलमालाएँ हैं ।

정답 3. ② 4. ④ 5. ③

6과

쓰기

1. यह बताओ, तुम आजकल कहाँ रहती हो ?
2. मैं आजकल इन्द्र विहार में रहती हूँ ।
3. क्या तुम कॉलेज पैदल आती हो ?
4. इन्द्र विहार से कॉलेज थोड़ा दूर है ।
5. क्या तुम कॉलेज मेट्रो से आते हो ?
6. नहीं, मैं कॉलेज मेट्रो से नहीं आता ।
7. मेट्रो में बहुत भीड़ होती है ।
8. इसलिए मैं अपनी कार से आता हूँ ।
9. तुम क्लास के बाद क्या करती हो ?
10. सितार बजाना बहुत मुश्किल है न ?

연습

1. (1) वह आजकल क्या करती है ?
   (2) हम आजकल क्यों पढ़ते हैं ?
   (3) तू आजकल कैसे आती है ?
   (4) वे आजकल कब सोते हैं ?

2. (1) वह दक्षिण कोरिया में क्या करता है ?
   (2) तुम दक्षिण कोरिया में नया मकान क्यों देखते हो ?
   (3) हम दक्षिण कोरिया में कोरियायी सीखती हैं ।
   (4) वे दक्षिण कोरिया में कहाँ पढ़ती हैं ?

3. (1) वह वहाँ नहीं रहता ।
   (2) आप वहाँ काम नहीं करतीं ।
   (3) तुम वहाँ नहीं पढ़ते ।
   (4) वे वहाँ खाना नहीं खातीं ।

4. (1) क्या तुम कॉलेज में पढ़ते हो ?
   (2) क्या वे लोग आदमी को देखते हैं ?
   (3) क्या कुछ विद्यार्थी क़लम से लिखते हैं ?
   (4) क्या तू कमरे में सोती है ?

5. (1) तुम हिन्दी में बोलती हो ।
   (2) हम लोग शहर में रहते हैं ।
   (3) मैं आलोक को देता हूँ ।
   (4) तू मेट्रो से आता-जाता है ।

단원평가

문제 1-2

आलोक : अच्छा, बोमिन, यह बताओ, तुम आजकल कहाँ रहती हो ?

बोमिन : मैं इन्द्र विहार में रहती हूँ । अन्तर्राष्ट्रीय छात्रावास में ।

आलोक : तुम कॉलेज कैसे आती हो ?
क्या तुम पैदल आती हो ?

बोमिन : नहीं; मैं बस से आती हूँ ।
इन्द्र विहार से कॉलेज थोड़ा दूर है ।

정답 1. ④ 2. ③

문제 3-4

बोमिन : आलोक, तुम गुड़गाँव में रहते हो न, तो क्या तुम मेट्रो से आते हो ?

आलोक : नहीं, मैं मेट्रो से नहीं आता ।

बोमिन : मेट्रो से क्यों नहीं आते ?
येलो लाइन वहाँ से यहाँ तक सीधे आती तो है !

आलोक : हाँ, लेकिन मेट्रो में बहुत भीड़ होती है ।
इसलिए मैं अपनी कार से आता हूँ ।

정답 3. ③ 4. ②

문제 5

आलोक : बोमिन तुम क्लास के बाद क्या करती हो ?

बोमिन : मैं हर सोमवार और बृहस्पतिवार को क्लास के बाद एक घंटा सितार सीखती हूँ ।

आलोक : सितार बजाना बहुत मुश्किल है न ?

बोमिन : हाँ, कठिन तो है, लेकिन मज़ेदार है ।

정답 5. ①

7과

쓰기

1. तू उठी कि नहीं ?
2. यह लड़की रोज़ सुबह देर से उठती है ।
3. अभी कितने बजे हैं ?
4. अब सात बजे हैं ।
5. तेरी स्कूल बस ठीक साढ़े सात बजे आती है ।
6. मैं कल रात को सवा बारह बजे सोयी थी ।
7. तुरन्त तैयार हो जा !
8. तेरी स्कूल बस आ गई है ।
9. अरे, बस तो निकल गई !
10. पौने आठ बजे हैं ।

연습

1. (1) क्या तुम आज जल्दी गये ?
   (2) क्या वह आज जल्दी आयी ?
   (3) क्या वे आज जल्दी सोयीं ?
   (4) क्या आप आज जल्दी निकलीं ?

2. (1) तू अभी आया है ।
   (2) हम अभी निकली हैं ।
   (3) वह अभी गयी है ।
   (4) तुम अभी बैठे हो ।

3. (1) अभी एक बजा है ।
   (2) अभी साढ़े सात बजे हैं ।

(3) अभी सवा बारह बजे हैं ।
(4) अभी पौने आठ बजे हैं ।

4. (1) तू कल रात को देर से आया था ।
(2) वह लड़की कल रात को देर से निकली थी ।
(3) मेरे पिता जी कल रात को देर से गये थे ।
(4) मेरी माता जी कल रात को देर से चाय लायी थीं ।

5. (1) तेरी सहेली निकल गई है ।
(2) तेरा खाना तैयार हो गया है ।
(3) तेरा काम बन गया है ।
(4) तेरी तबीयत अच्छी हो गई है ।

단원평가

문제 1

चौहान :	दीप्ति, तू उठी कि नहीं ?
	यह लड़की रोज़ सुबह देर से उठती है ।
	दीप्ति, ओ दीप्ति ! उठ उठ, जल्दी उठ !
दीप्ति :	मैं उठी हूँ । पिता जी ! अभी कितने बजे हैं ?
चौहान :	अब सात बजे हैं ।
	तू समझती नहीं, तेरी स्कूल बस ठीक साढ़े सात बजे आती है ।

정답 1. ①

문제 2-3

दीप्ति :	मैं कल रात को सवा बारह बजे सोयी थी ।
चौहान :	दीप्ति, तू इतनी देर से क्यों सोयी थी ?
दीप्ति :	कल गुप्ता अंकल के यहाँ शादी थी न; बहुत शोर था !
चौहान :	ठीक है । तुरन्त तैयार हो जा !

정답 2. ④ 3. ③

문제 4-5

चौहान :	ओ दीप्ति, अब साढ़े सात बजे हैं । तेरी स्कूल बस आ गई है ।
	अरे, बस तो निकल गई !
दीपा :	आलोक, तुम दीप्ति को स्कूल पर छोड़ देना ।
आलोक :	ठीक है, माँ !
	दीप्ति, पौने आठ बजे हैं । चलो, जल्दी चलो !

정답 4. ② 5. ①

8과

쓰기

1. क्या आप दिल्ली घूमी हैं ?
2. जी, मैं दिल्ली घूम चुकी हूँ ।
3. आपने दिल्ली में क्या-क्या देखा है ?
4. मैंने राजघाट, लाल क़िला, क़ुतुब मीनार, सी.पी., बंगाली मार्केट आदि देखा ।
5. क्या आपने बंगाली मार्केट में मिठाई खाई ?
6. मैंने पहले छोले भटूरे खाए, उसके बाद मिठाई खाई ।
7. आपने दिल्ली में क्या ख़रीदा ?
8. मैंने सी.पी. में आर. के. नारायण का कहानी-संग्रह *मालगुडी डेज* लिया ।
9. क्या आपने *मालगुडी डेज* पढ़ा है ?
10. मैं पढ़ चुका हूँ ।

연습

1. (1) उसने दिल्ली में क्या-क्या किया है ?
   (2) उन्होंने दिल्ली में क्या-क्या लिया है ?
   (3) उस लड़के ने दिल्ली में क्या-क्या खाया है ?
   (4) इस लड़की ने दिल्ली में क्या-क्या ख़रीदा है ?

2. (1) मैंने आज सवेरे फ़िल्म देखी है ।
   (2) उसने आज सवेरे काम किया है ।
   (3) उन लड़कों ने आज सवेरे खाना खाया है ।
   (4) इन लड़कियों ने आज सवेरे किताब पढ़ी है ।

3. (1) उसने पहले क़ुतुब मीनार देखी, उसके बाद राजघाट देखा ।
(2) उन्होंने पहले अख़बार पढ़ा, उसके बाद पुस्तक पढ़ी ।
(3) हमने पहले चाय पी, उसके बाद दूध पिया ।
(4) तूने पहले गाना सुना, उसके बाद ख़बरें सुनीं ।

4. (1) मैं आज शाम को फ़िल्म देख चुकी हूँ ।
(2) वह आज शाम को काम कर चुका है ।
(3) वे लड़के आज शाम को खाना खा चुके हैं ।
(4) ये लड़कियाँ आज शाम को किताब पढ़ चुकी हैं ।

5. (1) मैं दो सप्ताह पहले फ़िल्म देख चुका था ।
(2) वह दो सप्ताह पहले परीक्षा में पास हो चुकी थी ।
(3) हम दो सप्ताह पहले काम कर चुके थे ।
(4) वे लड़कियाँ दो सप्ताह पहले जा चुकी थीं ।

단원평가

문제 1-2

मोहन:	आप का शुभ नाम (क्या है) ?
सुजिन:	मेरा नाम बैसुजिन है ।
मोहन :	मैं मोहन हूँ ।
	आप भारत कब आईं ?
सुजिन :	मैं दो सप्ताह पहले आई, घूमने ।
मोहन :	क्या आप दिल्ली घूमी हैं ?
सुजिन :	जी, मैं दिल्ली घूम चुकी हूँ ।

정답 1. ② 2. ④

문제 3

मोहन :	सुजिन, आपने दिल्ली में क्या-क्या देखा है ?
सुजिन :	मैंने राजघाट, लाल क़िला, क़ुतुब मीनार, सी.पी., बंगाली मार्केट आदि देखा । मैंने बंगाली मार्केट में छोले भटूरे खाए, उसके बाद मिठाई खाई ।

정답 3. ②

문제 4-5

मोहन :	सुजिन, आपने दिल्ली में क्या ख़रीदा ?
सुजिन :	मोहन जी, मैंने सी.पी. में आर. के. नारायण का कहानी-संग्रह *मालगुडी डेज* लिया ।
मोहन :	क्या आपने *मालगुडी डेज* पढ़ा है ?
सुजिन :	जी नहीं, मैंने अभी तक नहीं पढ़ा ।
मोहन :	मैं पढ़ चुका हूँ । आप अवश्य पढ़िएगा ।

정답 4. ③ 5. ②

9과

쓰기

1. मेरे बड़े भाई साहब के दो बेटे सउल में दो साल रहे थे ।
2. क्या आप शादीशुदा हैं ?
3. मेरे पति दक्षिण कोरिया में हैं ।
4. आप के पति क्या करते हैं ?
5. वे एक लड़कियों के स्कूल में पढ़ाते हैं ।
6. वे उस स्कूल में क्या पढ़ाते हैं ?
7. आप के कितने बाल-बच्चे हैं ?
8. मेरा एक बेटा और दो बेटियाँ हैं ।
9. आप के कितने भाई और कितनी बहनें हैं ?
10. मेरे दो बड़े भाई और दो छोटी बहनें हैं ।

연습

1. (1) वे लड़कों के स्कूल में पढ़ाते हैं ।
   (2) वे लड़कियों के स्कूल में पढ़ाते हैं ।
   (3) वे मेरे छोटे भाइयों के स्कूल में पढ़ाते हैं ।
   (4) वे मेरी छोटी बहनों के स्कूल में पढ़ाते हैं ।

2. (1) उसके पति क्या करते हैं ?
   (2) उनके पति क्या करते हैं ?
   (3) तुम्हारे पति क्या करते हैं ?
   (4) तेरे पति क्या करते हैं ?

3. (1) इस सुन्दर मंदिर का नाम क्या है ?
   (2) उस अच्छे लड़के का नाम क्या है ?

(3) इस अच्छी लड़की का नाम क्या है ?

(4) उस बड़े बाज़ार का नाम क्या है ?

4. (1) वे सीटें महिलाओं की हैं ।

(2) ये टिकट विदेशी लोगों के हैं ।

(3) यह क्लासरूम नये छात्र-छात्राओं का है ।

(4) वह स्कूल लड़कों और लड़कियों का है ।

5. (1) वह मकान किस का है ?

(2) ये किताबें किसी की हैं ।

(3) यह घड़ी किस रंग की है ?

(4) वे मंदिर किन लोगों के हैं ?

단원평가

문제 1-2

मोहन:	माफ़ कीजिए; सुजिन, आप ग़लत सीट पर तो नहीं बैठी हैं ? आप का सीट नम्बर क्या है ?
सुजिन:	मेरा सीट नम्बर अट्ठाइस है । अरे ! मोहन जी, मैं तो तीस नम्बर पर बैठी हूँ ।
मोहन:	वह सीट मेरी है । आप बैठे रहिए ! मेरे बड़े भाई साहब के दो बेटे सउल में दो साल रहे थे ।
सुजिन:	आप के भतीजे ?
मोहन:	जी ।

정답 1. ④ 2. ③

문제 3

मोहन:	सुजिन, क्या आप शादीशुदा हैं ?
सुजिन:	जी हाँ, मोहन जी । मेरे पति दक्षिण कोरिया में हैं ।
मोहन:	उन का नाम क्या है ?
सुजिन:	उन का नाम हनमिनसू है ।

정답 3. ④

문제 4-5

मोहन:	सुजिन, आप के पति क्या करते हैं ?
सुजिन:	वे एक लड़कियों के स्कूल मे पढ़ाते हैं ।
मोहन:	आप के कितने बाल-बच्चे हैं ?
सुजिन:	मेरा एक बेटा और दो बेटियाँ हैं ।
मोहन:	आप के कितने भाई और कितनी बहनें हैं ?
सुजिन:	मेरे दो बड़े भाई और दो छोटी बहनें हैं ।

정답 4. ② 5. ④

10과

쓰기

1. वह समय पर स्कूल पहुँच जाएगी ।
2. क्लासरूम के अंदर कई लम्बी मेजें हैं ।
3. उन लम्बी मेज़ों के पास कुर्सियाँ हैं ।
4. उन कुर्सियों के नीचे छात्र-छात्राओं के थैले रखे हैं ।
5. एक दरवाज़े की दायीं ओर दीवार पर ब्लैकबोर्ड लगा है ।
6. छत के बीचोंबीच एक पंखा लगा है ।
7. तीस छात्र-छात्राएँ कुर्सियों पर बैठेंगे ।
8. कुछ लड़के गेम मशीन से खेलेंगे ।
9. कुछ लड़कियाँ बातचीत करेंगी ।
10. सवा आठ बजे स्कूल की घंटी बजेगी ।

연습

1. (1) वे गेम मशीन से खेलेंगी ।
   (2) मैं गेम मशीन से खेलूँगी ।
   (3) तुम गेम मशीन से खेलोगे ।
   (4) हम गेम मशीन से खेलेंगे ।

2. (1) मैं क्लासरूम में पढ़ूँगा ।
   (2) तू क्लासरूम में खेलेगी ।
   (3) तुम क्लासरूम में खाना खाओगी ।
   (4) हम क्लासरूम में घुस जाएँगी ।

3. (1) मेरी सहेली कल शाम को पुस्तक पढ़ेगी ।
   (2) छात्र-छात्राएँ कल शाम को पहुँचेंगे ।

(3) मेरे पिता जी कल शाम को भारत जाएँगे ।

(4) मेरी माता जी कल शाम को सब्ज़ी ख़रीदेंगी ।

4. (1) ब्लैकबोर्ड के नीचे कुछ कुर्सियाँ हैं ।

(2) ब्लैकबोर्ड के पास दो दरवाज़े हैं ।

(3) ब्लैकबोर्ड के सामने कई मेज़ें हैं ।

(4) ब्लैकबोर्ड के बायीं ओर कई चित्र हैं ।

5. (1) मैं बड़े कमरे के अन्दर घुसूँगी ।

(2) वह बड़े कमरे के दायीं तरफ़ खेलेगा ।

(3) छात्र बड़े कमरे के भीतर पढ़ेंगे ।

(4) छात्राएँ बड़े कमरे के बाहर बातचीत करेंगी ।

단원평가

문제 1-2

दीप्ति के क्लासरूम के अंदर कई लम्बी मेज़ें हैं ।

उन लम्बी मेज़ों के पास कुर्सियाँ हैं ।

उन कुर्सियों के नीचे छात्र-छात्राओं के थैले रखे हैं ।

दरवाज़े की दायीं ओर दीवार पर ब्लैकबोर्ड लगा है ।

उस ब्लैकबोर्ड के ऊपर राष्ट्रीय झंडा है ।

छत के बीचोंबीच एक पंखा लगा है ।

정답 1. ① 2. ③

문제 3-4

दीप्ति के क्लासरूम के भीतर सोलह छात्र और चौदह छात्राएँ हैं ।

सब मिलाकर तीस छात्र-छात्राएँ कुर्सियों पर बैठेंगे ।

कुछ लड़के-लड़कियाँ पुस्तकें पढ़ेंगे ।

कुछ लड़के गेम मशीन से खेलेंगे ।

और कुछ लड़कियाँ बातचीत करेंगी ।

정답 3. ③ 4. ①

문제 5

सवा आठ बजे स्कूल की घंटी बजेगी ।

अध्यापक जी क्लासरूम में आएँगे ।

और सब लड़के-लड़कियाँ चुप हो जाएँगे ।

정답 5. ③

11과

쓰기

1. क्या मैं आलोक से बात कर सकती हूँ ?
2. आप कौन बोल रही हैं ?
3. ज़रा होल्ड करो, मैं देखता हूँ ।
4. शायद वह अब पुस्तकालय में पढ़ रहा होगा ।
5. मैं दिल्ली पुस्तक मेला जा रही हूँ ।
6. मैं आलोक के साथ जाने को सोच रही थी ।
7. तुम मोबाइल फ़ोन पर उससे बात क्यों नहीं कर लेती ?
8. मैं मोबाइल फ़ोन पर उससे बात करती हूँ ।
9. क्या आज शाम को तुम्हारे पास समय है ?
10. अच्छा, अब मैं फ़ोन रख रहा हूँ ।

연습

1. (1) वह क्या बोल रहा है ?
   (2) तुम कहाँ से बोल रही हो ?
   (3) मेरे बड़े भाई साहब क्यों ज़ोर से बोल रहे हैं ?
   (4) वे कौन-सी भाषा बोल रही हैं ?

2. (1) वह आज शाम को कहाँ पढ़ रहा है ?
   (2) मैं आज शाम को कहाँ खाना खा रही हूँ ?
   (3) मेरे बड़े भाई साहब आज शाम को कहाँ भोजन कर रहे हैं ?
   (4) वे आज शाम को कहाँ बोल रही हैं ?

3. (1) वह आलोक के साथ खाना खा रहा था ।
   (2) मैं आलोक के साथ काम कर रही थी ।

(3) वे लोग आलोक के साथ खेल रहे थे ।
(4) हम आलोक के साथ वापस आ रही थीं ।

4. (1) शायद मेरा दोस्त इस समय वहाँ भोजन कर रहा होगा ।
(2) शायद मेरी छोटी बहन इस समय वहाँ मकान दिखा रही होगी ।
(3) शायद मेरे दो बेटे इस समय वहाँ घूम रहे होंगे ।
(4) शायद मेरी सहेलियाँ इस समय वहाँ सितार सीख रही होंगी ।

5. (1) क्या तेरे पास पैसे हैं ?
(2) क्या उसके पास आज का अख़बार है ?
(3) क्या उनके पास वे किताबें हैं ?
(4) क्या तुम्हारे पास उसका फ़ोन नम्बर है ?

단원평가

문제 1-2

बोमिन :	हलो, (क्या) मैं आलोक से बात कर सकती हूँ ?
चौहान :	आप कौन बोल रही हैं ?
बोमिन :	मैं बोमिन बोल रही हूँ, दक्षिण कोरिया की ।
	चौहान अंकल, क्या आलोक घर में है ?
चौहान :	ज़रा होल्ड करो, मैं देखता हूँ ।
चौहान :	आलोक घर पर नहीं है ।
	शायद इस समय पुस्तकालय में पढ़ रहा होगा ।

정답 1. ④ 2. ③

문제 3-4

बोमिन : अंकल, मैं दिल्ली पुस्तक मेला जा रही हूँ ।
आलोक के साथ जाने को सोच रही थी ।

चौहान : तो तुम मोबाइल फ़ोन पर उससे बात क्यों नहीं कर लेती ?

정답 3. ④ 4. ②

문제 5

चौहान : बोमिन, क्या तुम्हारे पास आज शाम को समय है ?
हम लोग बाहर खाना खाने वाले हैं ।
तुम भी आलोक के साथ आना !

बोमिन : जी, धन्यवाद । मैं अवश्य आऊँगी ।

정답 5. ④

12과

쓰기

1. आपको क्या तकलीफ़ है ?
2. क्या आपको दर्द भी महसूस हो रहा है ?
3. क्या आपको खाँसी भी है ?
4. दिन में तो ठीक रहती है लेकिन रात को खाँसी बढ़ जाती है ।
5. क्या आपको जाड़ा भी लगता है ?
6. आपको बहुत ज़ुकाम है ।
7. मुझे ख़ून की जाँच नहीं करनी होगी ?
8. मुझे यह दवा कैसे लेनी है ?
9. आपको एक दिन में तीन बार, खाना खाने के तुरन्त बाद दवा लेनी है ।
10. आपको आराम करने की आवश्यकता है ।

연습

1. (1) क्या तुम्हें(= तुमको) खाँसी है ?
   (2) क्या तुझे(= तुझको) खाँसी है ?
   (3) क्या आप के बेटे को खाँसी है ?
   (4) क्या उसे(= उसको) खाँसी है ?

2. (1) क्या उन्हें(= उनको) खाँसी है ?
   (2) क्या मुझे(= मुझको) बुख़ार है ?
   (3) क्या हमें(= हमको) ज़ुकाम है ?
   (4) क्या मेरे भाई को पैसों की ज़रूरत है ?

3. (1) क्या इन्हें(= इनको) खाँसी थी ?
   (2) क्या तुझे(= तुझको) बुख़ार था ?

(3) क्या तुम्हें(= तुमको) ज़ुकाम था ?

(4) क्या हमें(= हमको) पैसों की ज़रूरत थी ?

4. (1) क्या हमें(= हमको) वह काम करना होगा ?

(2) क्या उसे(= उसको) आप की प्रतीक्षा करनी होगी ?

(3) क्या आपको आराम करना होगा ?

(4) क्या उन लोगों को भोजन करना होगा ?

5. (1) मैं ख़ुश रहता हूँ ।

(2) मेरी माता जी स्वस्थ रहती हैं ।

(3) ये कमरे बन्द रहते हैं ।

(4) वह दुकान खुली रहती है ।

단원평가

문제 1

डॉक्टर :	हुसैन साहब, आपको क्या तकलीफ़ है ?
हुसैन :	डॉक्टर साहब, मुझे तेज़ बुख़ार है ।
डॉक्टर :	क्या आपको दर्द भी महसूस हो रहा है ?
हुसैन :	जी, डॉक्टर साहब, सारे बदन में दर्द हो रहा है ।

정답 1. ③

문제 2-3

डॉक्टर : हुसैन साहब, क्या आपको जाड़ा लगता है ?

हुसैन : जी हाँ, डॉक्टर साहब, मुझे जाड़ा लगता है । और खाँसी भी है ।

डॉक्टर : आपको बहुत ज़ुकाम है ।

हुसैन : फ़्लू तो नहीं है ?

ख़ून की जाँच तो नहीं करनी होगी ?

डॉक्टर : नहीं, ठीक है ।

정답 2. ② 3. ④

문제 4-5

हुसैन : डॉक्टर साहब, मुझे यह दवा कैसे लेनी है ?

डॉक्टर : आपको एक दिन में तीन बार, खाना खाने के तुरन्त बाद लेनी है ।

हुसैन साहब, आपको आराम करने की आवश्यकता है ।

सब ठीक हो जाएगा । चिंता न कीजिए ! ख़ुश रहिए !

정답 4. ② 5. ①

13과

쓰기

1. मैं *डॉ. अम्बेडकार: जीवन और दर्शन* नामक पुस्तक पढ़ रहा था ।
2. मैं उनकी दूसरी पुस्तक *बुद्ध और धम्मा* भी पढ़ना चाहता हूँ ।
3. मैं वह पुस्तक ख़रीदना चाहता हूँ ।
4. तुम्हें और कौन-सी किताब चाहिए ?
5. मुझे और कोई पुस्तक नहीं चाहिए ।
6. मुझे एक अच्छा हिन्दी-हिन्दी कोश चाहिए ।
7. क्या आप के पास कोई अच्छा हिन्दी-हिन्दी कोश है ?
8. यह कोश उस कोश से महँगा है, लेकिन अच्छा है ।
9. यह कोश सब से अच्छा है ।
10. तो यह कोश दीजिए ।

연습

1. (1) उसे(= उसको) और कोई पुस्तक नहीं चाहिए ।
   (2) उन्हें(= उनको) और कोई पुस्तक नहीं चाहिए ।
   (3) हमें(= हमको) और कोई पुस्तक नहीं चाहिए ।
   (4) तुझे(= तुझको) और कोई पुस्तक नहीं चाहिए ।

2. (1) मुझे(= मुझको) कौन-सा अख़बार चाहिए था ?
   (2) तुम्हें(= तुमको) कौन-सी घड़ी चाहिए थी ?
   (3) हमें(= हमको) कौन-कौन-से चित्र चाहिए थे ?
   (4) इन्हें(= इनको) कौन-कौन-सी पुस्तकें चाहिए थीं ?

3. (1) मैं तुम्हारे यहाँ आना चाहती हूँ ।
   (2) तुम भोजन करना चाहते हो ।
   (3) मेरी छोटी बहन हिन्दी सीखना चाहती है ।
   (4) वे लोग पैदल जाना चाहते हैं ।

4. (1) तू आज का अख़बार पढ़ना चाहता था ।
   (2) हम आज का अख़बार पढ़ना चाहेंगे ।
   (3) उसने आज का अख़बार पढ़ना चाहा ।
   (4) मेरी माता जी आज का अख़बार पढ़ना चाह रही हैं ।

5. (1) यह कमरा उस कमरे से बड़ा है ।
   (2) यह भोजन उस भोजन से स्वादिष्ट है ।
   (3) यह किताब उस किताब से अच्छी है ।
   (4) यह साड़ी उस साड़ी से सुन्दर है ।

단원평가

문제 1-2

बोमिन : आलोक, तुम पुस्तकालय में क्या पढ़ रहे थे ?

आलोक : मैं *डॉ. अम्बेडकर: जीवन और दर्शन* नामक पुस्तक पढ़ रहा था । मैं उनकी दूसरी पुस्तक *बुद्ध और धम्मा* भी पढ़ना चाहता हूँ ।

बोमिन : क्या तुम्हारे पास वह किताब है ?

आलोक : नहीं, मेरे पास नहीं है । मैं ख़रीदना चाहता हूँ ।

정답 1. ① 2. ②

문제 3

आलोक :	बोमिन, तुम्हें कौन-कौन-सी पुस्तकें चाहिए ?
बोमिन :	मुझे एक अच्छा हिन्दी-हिन्दी कोश चाहिए ।
आलोक :	अच्छा, पहले तो हिन्दी पुस्तकों के स्टॉल देखते हैं ।

정답 3. ③

문제 4-5

बोमिन :	क्या आप के पास कोई अच्छा हिन्दी-हिन्दी कोश है ?
दुकानदार :	हाँ, बहुत हैं । यह देखिए, वह भी देखिए !
	यह कोश उस कोश से महँगा है, लेकिन अच्छा है ।
	यह कोश सब से अच्छा है ।
बोमिन :	तो यह कोश दीजिए ।
	आलोक, अब *बुद्ध और धम्मा* देखने चलते हैं !

정답 4. ④ 5. ③

14과

쓰기

1. मेरे परिवार के लोग बाहर डिनर करने वाले हैं ।
2. हुसैन साहब को आना था ।
3. हुसैन साहब को बहुत ज़ुकाम है ।
4. हमें वहाँ कैसे जाना होगा ?
5. हमें मेट्रो से जाना होगा ।
6. हम लोगों को कौन-सी लाइन लेनी चाहिए ?
7. हम लोगों को ब्लू लाइन लेनी चाहिए ।
8. क्या हम लोगों को लाइन बदलनी पड़ेगी ?
9. हम लोगों को कितने बजे तक रेस्तराँ में पहुँचना चाहिए ?
10. इसलिए हम लोगों को मेट्रो से जाना पड़ेगा ।

연습

1. (1) मुझे(= मुझको) जल्दी पहुँचना है ।
   (2) तुझे(= तुझको) जल्दी जाना था ।
   (3) उसे(= उसको) जल्दी काम करना होगा ।
   (4) इस लड़के को जल्दी उठना है ।

2. (1) तुम्हें(= तुमको) वहाँ क्या खाना चाहिए ?
   (2) आप लोगों को वहाँ क्यों जाना चाहिए ?
   (3) किसे(= किसको) वहाँ काम करना चाहिए ?
   (4) उन लड़कियों को वहाँ कितनी चिट्ठियाँ लिखनी चाहिए ?

3. (1) उसे(= उसको) मकान ख़रीदना चाहिए था ।
   (2) मुझे(= मुझको) दवा लेनी चाहिए थी ।

(3) तुझे(= तुझको) पैसे देने चाहिए थे ।
(4) तुम्हें(= तुमको) कई पुस्तकें पढ़नी चाहिए थीं ।

4. (1) मुझे(= मुझको) कई पुस्तकें पढ़नी पड़ीं ।
(2) तुझे(= तुझको) मेट्रो से जाना पड़ेगा ।
(3) तुम्हें(= तुमको) काम करना पड़ता है ।
(4) किन्हें(= किनको) चिट्ठी लिखनी पड़ रही थी ।

5. (1) आप की दो लड़कियों को किताबें ख़रीदनी पड़ेंगी ।
(2) मेरे दोस्तों को आराम करना पड़ेगा ।
(3) मेरे दो लड़कों को प्रतीक्षा करनी पड़ेगी ।
(4) छात्र-छात्राओं को समय पर अनेक काम करने पड़ेंगे ।

단원평가

문제 1-2

आलोक :	बोमिन, मेरे परिवार के लोग बाहर डिनर करने वाले हैं । तुम साथ चलो !
बोमिन :	हाँ, आलोक । अंकल जी ने मुझे बुलाया है ।
आलोक :	हुसैन साहब को आना था, लेकिन वे नहीं आ सकेंगे ।
बोमिन :	क्यों ?
आलोक :	क्योंकि उन्हें बहुत ज़ुकाम है ।

정답 1. ① 2. ③

문제 3-4

आलोक :	बोमिन, हमें मेट्रो से जाना होगा ।
बोमिन :	आलोक, हम लोगों को कौन-सी लाइन लेनी चाहिए ?
आलोक :	हम लोगों को ब्लू लाइन से राजीव चौक स्टेशन तक जाना होगा; फिर वहाँ येलो लाइन लेनी चाहिए ।
बोमिन :	अरे ! हम लोगों को लाइन बदलनी पड़ेगी ?
आलोक :	हाँ । यहाँ से चाँदनी चौक स्टेशन तक कोई लाइन सीधे नहीं जाती ।

정답 3. ② 4. ①

문제 5

बोमिन :	आलोक, हम लोगों को कितने बजे तक रेस्तराँ में पहुँचना चाहिए ?
आलोक :	आठ बजे तक ।
	बोमिन, इस समय बड़ा ट्रैफ़िक जाम होता है ।
	इसलिए हम लोगों को मेट्रो से जाना पड़ेगा ।
बोमिन :	अच्छा, ठीक है । चलो, मेट्रो से ।

정답 5. ④

15과

쓰기

1. मुझे आप लोगों के बीच अच्छा लगता है ।
2. मुझे तंदूरी चिकन बहुत पसंद है ।
3. यहाँ अच्छी रान मिलती है ।
4. खाओगी तो तुम्हें रान पसंद आएगी ।
5. सुना है कि यहाँ की नान बहुत मशहूर है ।
6. क्या आपको नान बनाना आता है ?
7. यहाँ के लोगों को नान बनाना अच्छी तरह आता है ।
8. मुझे बहुत भूख लगी है ।
9. आपको कुछ और चाहिए ?
10. मुझे मालूम नहीं था कि यहाँ क़ुल्फ़ी नहीं मिलती ।

연습

1. (1) तुझे(= तुझको) जाड़ा लगा है ।
   (2) तुम्हें(= तुमको) प्यास लगी है ।
   (3) हमें(= हमको) उस का खाना अच्छा लगा है ।
   (4) उन्हें(= उनको) आने में दो घंटे लगे हैं ।

2. (1) क्या उन लोगों को सितार बजाना आता है ?
   (2) क्या तुम्हें(= तुमको) गाड़ी चलाना आता है?
   (3) क्या इस लड़की को अच्छी हिन्दी आती है?
   (4) क्या उन्हें(= उनको) ठीक से बोलना आता है?

3. (1) मुझे(= मुझको) यहाँ अच्छा वेतन मिला ।
   (2) उसे(= उसको) यहाँ अच्छी नौकरी मिली ।

(3) तुझे(= तुझको) यहाँ अच्छे अख़बार मिले ।
(4) उस लड़के को यहाँ अच्छी पुस्तकें मिलीं ।

4. (1) क्या उन्हें(= उनको) बहुत गुस्सा आया?
(2) क्या तुझे(= तुझको) अच्छी नींद आयी?
(3) क्या तुम्हें(= तुमको) तेज़ बुख़ार आया?
(4) क्या लड़कों को चोट आई ?

5. (1) मुझे(= मुझको) पता था कि यहाँ नान नहीं मिलती ।
(2) मुझे(= मुझको) पता चला कि यहाँ अच्छा वेतन नहीं मिलता ।
(3) मुझे(= मुझको) मालूम हो गया कि यहाँ सस्ते कमरे नहीं मिलते ।
(4) मुझे(= मुझको) पता न था कि यहाँ बच्चों की पुस्तकें नहीं मिलतीं ।

단원평가

문제 1-2

बोमिन : आप लोगों के बीच मुझे बहुत अच्छा लगता है । बहुत-बहुत धन्यवाद ।
चौहान : भाई, मेन्यू ले आओ, इन को दिखा दो ।
बोमिन : मुझे तंदूरी चिकन बहुत पसंद है ।
चौहान : यहाँ अच्छी रान मिलती है ।
बोमिन : मैंने कभी रान नहीं खाई ।
चौहान : बोमिन, खाओगी तो तुम्हें रान पसंद आएगी ।

정답 1. ④ 2. ②

문제 3-4

चौहान :	बोमिन, उधर देखो । नान तंदूर में बन रही है ।
बोमिन :	क्या आपको नान बनाना आता है ?
चौहान :	नहीं, मुझे नहीं आता; लेकिन यहाँ के लोगों को अच्छी तरह आता है । भाई ! रान, नान और पालक पनीर ले आना । बहुत भूख लगी है । जल्दी लाना ।

정답 3. ③ 4. ①

문제 5

बैरा :	साहब, आपको कुछ और चाहिए ?
चौहान :	आपके पास क़ुल्फ़ी है ?
बैरा :	जी नहीं, यहाँ क़ुल्फ़ी नहीं मिलती । खीर मिलेगी ।
चौहान :	क़ुल्फ़ी नहीं मिलती ? मुझे यह मालूम नहीं था । बाद में खीर ले आना ।

정답 5. ②

16과

쓰기

1. हम लोग आगरा पहुँचने वाले हैं ।
2. मेरी घड़ी में बारह बजकर दस मिनट हुए हैं ।
3. मैं पैसे निकालकर अच्छा रेस्तराँ जाना चाहती हूँ ।
4. बाज़ार के सामने वाली इमारत में बैंक है ।
5. क्या आप भोजन करने के बाद ताज महल देखेंगी ?
6. जी हाँ, मैं भोजन करके ताज महल देखने वाली हूँ ।
7. हम लोग बैंक होकर रेस्तराँ जाएँगे ।
8. मैं ताज महल का बहुत बढ़िया वाला नमूना लेना चाहती हूँ ।
9. मेरे पड़ोस वाले कहते हैं कि होटल के शॉप में बढ़िया संगमरमर के नमूने मिलते हैं ।
10. मैं ताज महल देखने के बाद होटल जाकर ख़रीदूँगी ।

연습

1. (1) मैं भोजन करके ताज महल देखूँगा ।
   (2) वह पुस्तक लेकर ताज महल देखेगी ।
   (3) हम चाय पीकर ताज महल देखेंगे ।
   (4) वे नहाकर ताज महल देखेंगी ।

2. (1) वह सवेरे उठने के बाद स्कूल जाएगा ।
   (2) मैं अख़बार पढ़ने के बाद दफ़्तर जाऊँगा ।
   (3) वे नहाने के बाद मन्दिर जाएँगे ।
   (4) हम घूमने के बाद पुस्तकालय जाएँगी ।

3. (1) वह दफ़्तर जाने वाली है ।
   (2) मैं सिनेमाघर में फ़िल्म देखने वाला हूँ ।

(3) तुम हमारे यहाँ आने वाली हो ।
(4) वे लोग खेल के मैदान में खेलने वाले हैं ।

4. (1) रुपये-पैसे वाले कहते हैं कि वहाँ संगमरमर के नमूने मिलते हैं ।
(2) शहर वाली कहती है कि वहाँ संगमरमर के नमूने मिलते हैं ।
(3) लाल कुरता वाला कहता है कि वहाँ संगमरमर के नमूने मिलते हैं ।
(4) रेस्तराँवाले कहते हैं कि वहाँ संगमरमर के नमूने मिलते हैं ।

5. (1) तू नया वाला कम्प्यूटर लेना चाहती है ।
(2) तुम अच्छी वाली पुस्तकें लेना चाहती हो ।
(3) हम सुन्दर वाले कपड़े लेना चाहते हैं ।
(4) वे सामने वाली इमारत लेना चाहते हैं ।

단원평가

문제 1-2

मोहन:	सुजिन, हम लोग आगरा पहुँचने वाले हैं ।
सुजिन:	अच्छा, मोहन जी । मुझे पहले बैंक जाना होगा । मैं पैसे निकालकर अच्छा रेस्तराँ जाना चाहती हूँ । बैंक कहाँ है ?
मोहन:	बाज़ार के सामने वाली इमारत में बैंक है ।

정답 1. ① 2. ②

문제 3

मोहन:	सुजिन, क्या आप भोजन करने के बाद ताज महल देखेंगी ?
सुजिन:	जी हाँ, मैं भोजन करके ताज महल देखने वाली हूँ ।
	मोहन जी, क्या आसपास कोई साफ़ और अच्छा वाला रेस्तराँ है ?
मोहन:	जी, है ।
सुजिन:	अच्छा, मोहन जी, आप भी खाने पर चलिए ।
मोहन:	शुक्रिया, ज़रूर ।

정답 3. ③

문제 4-5

मोहन:	सुजीन, आप क्या ख़रीदना चाहती हैं ?
सुजिन:	मैं ताज महल का बहुत बढ़िया वाला नमूना लेना चाहती हूँ ।
मोहन:	मेरे पड़ोस वाले कहते हैं कि होटल के शॉप में बढ़िया संगमरमर के नमूने मिलते हैं ।
सुजिन:	ठीक है, मैं ताज महल देखने के बाद होटल जाकर ख़रीदूँगी । थोड़ी-सी थकी हूँ ।
मोहन:	यह बढ़िया है, आप पहले ताज महल देखें और होटल जाएँ ।

정답 4. ②　5. ④

힌디어 첫걸음

초판 1쇄 발행 2017년 4월 20일
초판 2쇄 발행 2021년 1월 30일

지은이 김우조 · 이동원
발행인 김인철
총괄 · 기획 윤성우 Director, University Knowledge Press
편집장 신선호 Executive Knowledge Contents Creator
전자책 · 사전 장혜린 Contents Creator
도서편집 이근영 Contents Creator
재무관리 조아라 Managing Creator
발행처 한국외국어대학교 지식출판콘텐츠원
02450 서울특별시 동대문구 이문로 107
전화 02)2173-2493~7
팩스 02)2173-3363
홈페이지 http://press.hufs.ac.kr
전자우편 press@hufs.ac.kr
출판등록 제6-6호(1969. 4. 30)
디자인 · 편집 (주)이환디앤비 02)2254-4301
인쇄 · 제본 네오프린텍(주) 02)718-3111

ISBN 979-11-5901-180-1 13790 정가 27,000원

*잘못된 책은 교환하여 드립니다.

HU:iNE은 한국외국어대학교 지식출판콘텐츠원의 어학도서, 사회과학도서, 지역학도서 Sub Brand이다. 한국외대의 영문명인 HUFS, 현명한 국제전문가 양성(International+Intelligent)의 의미를 담고 있으며, 휴인(携引)의 뜻인 '이끌다, 끌고 나가다'라는 의미처럼 출판계를 이끄는 리더로서, 혁신의 이미지를 담고 있다.

이 책의 음원(mp3)은 한국외국어대학교 지식출판콘텐츠원 홈페이지(press.hufs.ac.kr) - 게시판 - 자료실에서 다운받아 사용하시기 바랍니다.